LA SOLUCIÓN
PACÍFICA

JOSÉ LUIS RODRÍGUEZ ZAPATERO

LA SOLUCIÓN PACÍFICA

Papel certificado por el Forest Stewardship Council®

Penguin
Random House
Grupo Editorial

Primera edición: marzo de 2025

Printed in Spain – Impreso en España

ISBN: 978-84-01-03564-7
Depósito legal: B-2786-2025

Compuesto en M. I. Maquetación, S. L.

Impreso en Unigraf, S. L.
Móstoles (Madrid)

L035647

*Solicito
una sublevación
de paz, una tormenta
inmóvil.*

Antonio Gamoneda

Índice

Todo empieza por la paz

> Los griegos empezaron a conversar,
> y hemos seguido desde entonces.
>
> JORGE LUIS BORGES

Siempre es un estímulo compartir ideas, reflexiones y nuevas iniciativas políticas, pero en raras ocasiones puedo hacerlo de la manera pausada que propicia la escritura de un libro. Sobre el inquietante horizonte que perfilan presente y futuro, se interpone otro que me animo a explicar en las siguientes páginas y que apela, sin duda, a los mejores atributos de la humanidad: el diálogo, las expresiones multiculturales, que son muchas y una sola, la esperanza y el profundo deseo de paz que todos los individuos atesoramos.

A las puertas de que se cumpla el primer cuarto del siglo XXI y en unas circunstancias de intensa complejidad geopolítica, es momento de hacer balance de la situación en la que se encuentra nuestro mundo, marcado por el advenimiento de un inevitable cambio de orden que muchos se empeñan en negar.

Afirmamos que somos occidentales porque somos críticos. Desde este marco referencial, histórico y cultural del pensamiento crítico y más allá de tratar de explicar fragmentos aislados de política exterior, me dispongo a reflexionar sobre una idea de grandes principios que intenté poner en práctica durante mis mandatos como presidente del Gobierno y sobre la que he seguido trabajando estos últimos años.

La principal tarea, la más útil que pueda desarrollar un responsable político, es contribuir a la consecución de la paz. Bajo esta premisa, que obviamente precisa de concreción, me gustaría anticipar la razón de ser del texto que tiene el lector en sus manos y las ideas conclusivas que en él se desarrollan.

En primer lugar, reparemos en el gran reto histórico que supone la construcción de una comunidad política internacional sobre bases sólidas, firmes, a partir de los avances civilizatorios de nuestra especie, en particular, tras las revoluciones americana y francesa, la Declaración de los Derechos del Hombre y del Ciudadano, la superación dramática de dos guerras mundiales de la descolonización, siempre incompleta, y la creación de Naciones Unidas y la Unión Europea, que ha sido, esencialmente, un proyecto de paz.

Pues bien, en el marco de este desafío, evaluemos la primera cuarta parte, ya casi transcurrida, del siglo XXI. Un siglo que surge bajo un signo alentador, en la estela de la caída del muro de Berlín y con el acuerdo global sobre los Objetivos del Milenio como el primer programa mundial cuyo objetivo esencial es erradicar la pobreza.

Sin embargo, el siglo xxi parece naufragar en esa construcción política internacional, como un ideal que hunde sus raíces en Kant, limitando extraordinariamente el progreso que estas últimas décadas podrían haber aportado gracias, sobre todo, a los avances científicos. Hablo no solo de España, sino de cualquier país con vocación exterior e historia de una presencia dilatada en el mundo.

Este tiempo se inició como una gran oportunidad, pero lejos de afianzarse la paz y la cooperación internacional, el camino hacia un mundo más seguro, más solidario y menos injusto, un mundo gobernado por el Derecho y los avances en derechos, nos dirigimos en la dirección contraria; una dirección en la que se atisban tinieblas similares a aquellas que nublaron la primera mitad del siglo xx.

Todo se torció con el atentado de las Torres Gemelas. Ahí cambió el destino histórico que hasta ese momento estaba sustentado en un afán prioritario por la paz y la cooperación al desarrollo, la erradicación de la pobreza y el cumplimiento de los demás Objetivos del Milenio, incluidos los ocho propósitos para el desarrollo humano suscritos en el año 2000 por los 189 países miembros entonces de Naciones Unidas. Aquella fue la primera vez en que todas las naciones del mundo se comprometieron a erradicar la pobreza y a garantizar el derecho a la educación y a la salud.

Pero el 11 de septiembre de 2001 alteró de forma abrupta la agenda internacional. La primera potencia del mundo convirtió en prioridad la restitución de su autoestima, lanzando la teoría de la guerra contra el terrorismo. A partir de entonces, hemos antepuesto la seguridad a la paz, bajo la gran mentira de que una llevaría a la otra, y cuyas consecuencias —sobre todo en los países occidentales— han sido más inseguridad y menos paz.

Cada día se hace más evidente la presunción de que bajo esta reacción bélica incesante subyace algo mucho más profundo y peligroso, que explicaré a lo largo de este libro y que se resume en la resistencia de Estados Unidos a asumir la pérdida de su hegemonía económica, política y cultural, a la que se suman, casi por inercia, sus aliados históricos, en particular la UE, que tuvo su última respuesta autónoma con la guerra en Irak. Por este motivo, se ha impuesto la idea militarista que defiende la necesidad de incrementar los presupuestos de defensa.

Indudablemente, estamos ante el gran problema de este primer cuarto del siglo XXI: el discurso de la seguridad se ha antepuesto al afán de paz. Prueba de ello es la debilidad de los movimientos pacifistas, que poco a poco se han ido apagando, incluso ante guerras recientes y trágicas como la emprendida por Rusia en Ucrania o en Gaza.

Todas las civilizaciones pasan por momentos de esplendor y de decadencia. La Historia nos enseña que la predilección por la seguridad conlleva un alto riesgo de provocar crisis lo suficientemente dramáticas como para generar un cambio de paradigma, un punto de inflexión histórica.

La reacción de Estados Unidos ante el derribo de las Torres Gemelas fue la gestación de una cruzada que se ha llevado por delante muchas vidas humanas, sin lograr ninguno de los supuestos objetivos propuestos. Afganistán es el ejemplo más claro y devastador.

En los últimos años, han dejado de abordarse las consecuencias y las causas últimas de la violencia y el terrorismo, más o menos justificadas, más o menos odiosas, pero fundamentales para interpretar y tratar de recomponer la situación política internacional.

Cerca de un millón de personas —la mayoría, población civil inocente, niños en quizá más de un 40 %— han muerto como consecuencia de las intervenciones militares subsiguientes a aquel atentado, muertes que ni siquiera han ocurrido en lugares donde vayan a ser recordadas.

Estas acciones han supuesto, en gran medida, un gasto en defensa; no en vano, los países de la OTAN atesoran el 12 % de la población mundial y el 52 % del gasto en defensa. La desproporción es gigantesca, y el balance, desgarrador. En el caso de la potencia norteamericana, su gasto —equivalente a seis veces el PIB de España— está focalizado en una zona que afecta sobre todo a Oriente Medio y el Mediterráneo, un área geográfica decisiva, esta última, porque marca el índice mayor de paz o de conflicto geopolítico en el mundo: Libia, Afganistán, Irak, Siria, Yemen...

La situación en Libia ha sido terrible. Como también en Irak, y en Afganistán, que quizá sea el ejemplo más paradigmático del fracaso de la OTAN —la organización más importante para la seguridad colectiva que existe— y de la política de seguridad de paz de Occidente, en cuyos logros podemos resaltar la situación en la que está en la actualidad Oriente Medio.

El conflicto entre Israel y Palestina se encuentra, seguramente, en el momento más crítico de su historia. Este es el balance de haber favorecido la política de seguridad, de haber abandonado la vía política del diálogo, el imperativo para la solución pacífica de los conflictos.

Si pensamos que incluso en la Guerra Fría, durante la época del rearme, primó la diplomacia en defensa de la contención nuclear que evitó la gran catástrofe, resulta aún más exasperante que en este momento de la Historia hayamos preferido de nuevo la solución convencional, la guerra como recurso ordinario, poniendo de manifiesto que, como civilización, y en el ámbito de los derechos humanos y el diálogo, atravesamos un momento de lamentable retroceso.

Vivimos los años de más guerras y más muertos desde la Segunda Guerra Mundial. Un fracaso indiscutible del sistema internacional y de las grandes potencias, con Estados Unidos al frente.

Por ello, lo que defiendo en estas páginas es que la guerra contra el terrorismo siempre se pierde; que la respuesta ante una situación geopolítica de conflicto constante debe ser la acción política y que esta acción política debe estar sustentada en la autonomía como principio, sin vasallajes atávicos ni ficciones oportunistas.

Con el propósito de lograr una paz duradera, que redunde en el bienestar y el progreso de las naciones, la comunidad internacional debe recuperar como brújula la Carta de San Francisco, los propósitos y principios suscritos por Naciones Unidas el 26 de junio de 1945. La ONU debe seguir siendo esperanza y garantía para millones de personas.

Inmersos en la globalización, no es posible defender la autonomía estratégica ni la cesión de autonomía política a Estados Unidos como una visión del mundo, como una forma de entender las relaciones internacionales, el desarrollo, la cooperación, los principios que compartimos. Las circunstancias demandan lealtad a la Carta de San Francisco. En ella están las pautas para una política que alíe civilizaciones y culturas, que pueda ser una herramienta útil para el derecho y la legalidad internacionales, como diplomacia preventiva. Europa fue muy leal a sus principios y, sin embargo, esa lealtad está gravemente debilitada. Llegados a este punto, conviene preguntarse cómo afectan la gobernanza mundial y las relaciones geopolíticas a la construcción del mundo futuro, y cómo lograr influencia con la estrategia que defiende la solución pacífica.

En esta reflexión resulta perentoria la defensa de los derechos humanos, probablemente el concepto político más elevado que ha conocido la Historia. No hay ningún derecho humano que no deba ser declarado y protegido.

Ninguna razón cultural, religiosa, geográfica o histórica que impida luchar por una sociedad justa.

Defender los derechos humanos es defender su garantía legal y judicial y su internacionalización como hitos históricos de nuestra civilización, con el convencimiento de que quienes no los respeten serán señalados, interpelados y denunciados. No en vano, cuando las preguntas morales se repiten una y otra vez en miles y miles de voces, las respuestas acaban del lado de la dignidad.

Tras los terribles atentados del 11 de marzo de 2004, los peores de la historia de España, formulé por primera vez, en Naciones Unidas, la idea de la Alianza de Civilizaciones, la creación de un foro global, de una alianza, entre Occidente y el mundo árabe y musulmán, para combatir el terrorismo y la violencia por una vía que no fuese la de la acción militar. Me retrotraigo a cuando concebí aquella idea que acaba de cumplir veinte años. Desde el profundo dolor que supusieron aquellos atentados, nuestro objetivo era plantear alguna alternativa a esa dinámica inevitable de la fuerza como respuesta en la que se veía inmersa, ya entonces, la ONU.

Es capital que en este siglo XXI lleguemos al entendimiento. No podemos permitirnos asumir la profecía que se autocumple con el choque de civilizaciones. Ninguna fe o creencia, ningún dios, pueden servir para amparar o legitimar la violencia. Reafirmo mi convicción de que la pluralidad cultural y religiosa, la diversidad, es riqueza. No existe perversión más paradójica, en todo el ámbito de las civilizaciones, que el uso de la fe como justificación para la guerra. Por eso el fanatismo debe combatirse también desde la propia fe. Es necesario que las religiones instituidas en el mundo desautoricen la violencia, en un esfuerzo histórico para lograr la paz, y afirmen que la paz es inherente a la fe.

Las quince primaveras árabes que tuvieron lugar entre 2010 y 2012 nos pusieron sobre aviso: advirtieron a las democracias occidentales de que, más que una transición democrática, la realidad geopolítica internacional estaba adquiriendo tintes de desorden sistémico.

Hay algo con lo que me siento especialmente sensibilizado cuando recuerdo aquella época: los momentos en puestos de mando, cuando se decidían intervenciones militares, ataques que se materializaban en 24 horas, como sucedió, por ejemplo, con Libia en el año 2011. Las consecuencias de estos ataques, las muertes que podían llegar a causar, nunca se evaluaban. Por eso quizá mantenga esta obsesión casi patológica por la paz.

Considero que el primer mandamiento de las sociedades organizadas, de la comunidad política y, muy especialmente, de las democracias —a las que se nos presupone la suma realización de los valores ilustrados— es la preservación de la paz.

Como militante y ciudadano leal a la Carta de San Francisco, he trabajado por la defensa de la legalidad internacional que han construido las democracias. Proteger de manera unilateral nuestros intereses egoístas sin garantizar los derechos humanos y la cooperación será negativo y es contrario a los postulados de Naciones Unidas, salvo en circunstancias excepcionales de derecho a la defensa, como es el caso de Ucrania ante la invasión rusa. A este respecto, resulta significativo que quienes más han vulnerado la legalidad internacional, quienes más veces han intervenido militarmente en otros países sin autorización del Consejo de Seguridad de Naciones Unidas, sean Estados Unidos, Gran Bretaña, Francia y, ahora, Rusia, de una manera muy contundente. El único país que hasta la fecha no ha rebasado esa línea es China. En teoría, los miembros del Consejo de Seguridad debieran ser los que más respetaran la legalidad internacional, dado que disponen del poder, democráticamente discutible, del veto.

Sí, debemos respetar los principios democráticos; debemos actuar como guardianes de la legalidad internacional, con el mismo nivel de exigencia con que acatamos las leyes en nuestros países, lo cual es una expresión inequívoca de democracia y la única forma de convencer a aquellas naciones que aún no se encuentran en estadios democráticos avanzados. Debe imponerse el diálogo, la democracia no puede esperar.

La primera mitad del siglo xx fue de horror y parece que en el xxi no vamos tampoco en la dirección adecuada, pese a numerosos logros en otras materias. Si la paz deja de ser la gran aspiración de los países con sociedades organizadas, los jóvenes acabarán viviendo en un estado de guerra permanente. La frialdad de la geopolítica y la geoestrategia del petróleo son definitivamente inasumibles.

La civilización ha logrado grandes avances científicos, económicos, tecnológicos... Pero lo más desastroso de nuestra evolución como especie ha sido, sin duda, el uso de la fuerza. Hemos adquirido la capacidad tecnológica necesaria para alimentar a ocho mil millones de personas. ¿Qué avances podríamos conseguir si esta capacidad estuviera bien distribuida y llegara a esos ochocientos millones de seres humanos que pasan hambre o son desplazados por la guerra y no ven cubiertas sus necesidades básicas?

La gran censura moral y política que debemos hacernos como especie capaz de haber construido una gigantesca civilización es la guerra, son las muertes sin sentido. Y en este pensamiento se destila la responsabilidad ya no del propio ser humano como tal, sino de los malos mandatarios, culpables de ese divorcio entre sociedades y políticos donde va arraigando el populismo. Desde mi experiencia, puedo afirmar que somos responsables de la visión que promovemos sobre la convivencia. Debemos dotarnos de un modelo de valores propio. Si queremos convivencia, hagamos convivencia. La solución bélica denota la escasez de verdaderos políticos, de Política con mayúsculas.

Sabemos que las guerras dejan heridas dramáticas y plantan las semillas del terrorismo y el radicalismo. Con la guerra de Irak nació Daesh; de la contienda en Rusia surgió el terrorismo checheno; Estados Unidos alentó a los talibanes de uno y otro lado en Afganistán, y continúan allí... Estas organizaciones se transforman en una industria que establece un estilo de vida en el que matar da poder. Lo único que ha logrado la guerra contra el terrorismo es darle poder al terror.

El terrorismo y la violencia se combaten por la fuerza, pero solo pueden ser derrotados por la cultura y las ideas. Porque hay que tener en cuenta que, aunque aquellos no logren cambiar sistemas políticos, sus efectos sobre estos pueden ser muy relevantes y duraderos. La comunidad internacional demanda un liderazgo diferente que vele por el mantenimiento del orden global, y, en este sentido, es muy difícil no considerar que Donald Trump ha agotado todas las posibilidades de representar este liderazgo.

Las redes nos han convertido en una sociedad individualista —«narcisista» más bien, diría Wittgenstein—, carente de ímpetu pacificador, y la pospandemia no ha hecho más que frenar cierta tendencia a potenciar la cooperación y el estímulo de los valores sociales y comunitarios. No olvidemos que hace cincuenta años, cuando la gente quiso parar Vietnam, paró Vietnam. Compartir la indignación en las calles parece que ha perdido fuerza y, sin embargo, la sociedad conoce muy bien la diferencia entre los políticos que construyen la paz con valentía y determinación, incluso al precio de inmolarse políticamente y perder su estatus de seguridad, frente a aquellos que simplemente se amoldan a lo que pueda venir.

Quien tiene una convicción profunda debe arriesgarse; apoyemos a los políticos de convicciones profundas para que se arriesguen.

Ignoro cuándo ocurrirá, no sé cuál será el momento o la causa última, pero ese impulso social va a volver; puede que no estemos lejos de una reacción de la comunidad social y de la política internacional. Volverán a reconocerse la una en la otra.

Estamos a tiempo de que este siglo xxi genere más esperanza que resignación. Nuestra visión del mundo debe ir acompañada de ideas de paz, respeto y tolerancia, de valores profundos de igualdad social, y diametral rechazo de la miseria y la violencia. La experiencia histórica demuestra que las sociedades pacíficas son aquellas que se procuraron un modelo de valores propios de una cultura de paz, valores que se ponen de manifiesto con el ejemplo y se acreditan con la razón; que no se imponen, se proponen, y cuya fuerza radica en convencer, no en vencer.

Frente a quienes creen que la agresividad que conduce a la violencia y a la guerra es inevitable, como un destino que aboca a los pueblos, toda una antropología de la paz sostiene que, si bien los conflictos son inherentes a nuestra condición humana, no lo es la imposibilidad de transformarlos en maneras pacíficas, desde la sensatez y el compromiso y sin un atisbo de ingenuidad.

La paz preventiva nace de la diplomacia, del diálogo sin descanso y de un caudal de ideas firmes y de voces continuas. En el camino de la acción conjunta, debemos reivindicar ese diálogo, la solución pacífica, como instrumento fundamental de la política. La proyección del entendimiento debe adquirir más fuerza que nunca.

Si queremos paz, hagamos paz. Nos apremia el futuro.

1

El arte de la paz

Ojalá se despierten la conciencia y el sentido común de las personas, de manera que alcancemos una nueva fase en la vida de las naciones, en la que la gente mirará hacia atrás y verá la guerra como una aberración incomprensible de sus antepasados.

ALBERT EINSTEIN

Una tarea prioritaria

El día antes de morir, mi abuelo, capitán militar fusilado al comienzo de la guerra civil española, escribió las palabras que más trascendencia han tenido en el devenir de mi vida: «Muero inocente y perdono». Juan Rodríguez Lozano murió con un ansia infinita de paz, y con esta frase inoculó en mí, además, la creencia de que el camino hacia la paz reside en la capacidad de las partes para asumir responsabilidades y perdonar. Como ya he afirmado en más de una ocasión, me declaro un fundamentalista del diálogo. Tratando de ser fiel al legado moral que acabo de invocar, en cualquier negociación siempre he procurado que las partes lleguen a reconocerse entre ellas y, aun mínimamente, mantengan una actitud conciliadora, lo cual solo suele ser posible tras muchas horas de encuentros personales. En el cara a cara resulta muy difícil no dejar abierta una rendija al respeto o al acuerdo.

Otra característica que me convierte en una persona proclive al diálogo entre adversarios, y que probablemente esté ligada a la trágica muerte de mi abuelo, es el rechazo frontal hacia la violencia que experimento desde que tengo memoria. Nunca he podido soportar ningún tipo de agresión, se produce en mí una intolerancia casi física, una reacción que, por otro lado, fortalece mi convicción sobre la gran ventaja que supone para el ser humano el descubrimiento de la solución pacífica de los conflictos.

Es la tarea que da sentido a la vida de los *peacemakers*. A todos los *peacemakers* de vocación que he tenido la oportunidad de conocer los he visto sufrir por la violencia ajena, como si la estuvieran ejerciendo contra ellos mismos. Ignoro cuál es el factor genético que predispone a ciertas personas a sentirse desarmadas y profundamente indignadas ante la violencia.

En mi caso, la causa política fundamental de esta vocación pacifista podría ser la Guerra Civil, una incuestionable huella dramática de nuestra historia, no superada porque no ha habido un proceso que lo hiciera posible. Podría afirmarse que salimos como pudimos de la Transición, tras haber aguantado cuarenta años de dictadura. Nunca se dio un proceso de mediación con las víctimas. De forma paulatina, se han ido cumpliendo las asignaturas pendientes, pero, insisto, la huella perdura.

Aprender a sanar estas heridas incurables ha sido uno de los retos que he asumido en mi propia trayectoria como *peacemaker*, en la que distingo claramente dos etapas. La primera se desarrolló en paralelo a mi condición de presidente del Gobierno de España. Viví la segunda ya como expresidente y mediador por vocación.

Durante mis años como presidente, la paz fue mi tarea prioritaria; acabar con la violencia y prevenir las posibles reacciones. Varios temas resultaron fundamentales entonces, pero, sin duda alguna, el más importante fue el final del terrorismo en España. Era mi afán, porque permanecía en él la violencia política tras nuestra larga historia de guerra civil y de dictadura. Abolir el asesinato político puede que sea la tarea más noble que existe. Nuestro país llevaba dos siglos largos matando por política ininterrumpidamente: golpes de Estado, insurrecciones, guerra civil, dictadura, terrorismo... Hacer memoria implica también tener presentes esos doscientos años de violencia ininterrumpida vividos en España hasta el 20 de octubre de 2011. En este sentido, la situación de nuestro país resulta hoy afortunadamente excepcional respecto a la que se vive en no pocos lugares del mundo, más en un momento en el que se vuelve a cubrir de legitimidad la violencia. Así las cosas, este nuevo contexto conflictivo global se ha convertido en mi principal preocupación, pues, en lo sucesivo, cada vez va a ser más recíproca la dependencia de unas naciones respecto a otras, y su devenir se va a ver condicionado, sin duda, por el conjunto de las relaciones internacionales.

He tenido y tengo muy presente que me hice cargo del Gobierno de España tres días después del peor atentado terrorista de la historia de nuestro país, sufrido el 11 de marzo de 2004, equiparable al *shock* político que supuso en Estados Unidos el perpetrado contra las Torres Gemelas. En aquel momento crucial de nuestra historia reciente, mi primer pensamiento fue para los casi cuarenta y dos millones de personas que representábamos. Cada una de ellas nos había llevado hasta allí, y a todas ellas me debía desde ese día en adelante. Sin embargo, había 192 personas que faltaban. Ellos, que tenían derecho a estar con nosotros, cuya ausencia se sentía como una herida abierta, debían permanecer en nuestra memoria como una presencia imborrable. Sus vidas se perdieron, como tantas otras en los años precedentes, víctimas del furor homicida de unos desalmados. El terrorismo, lo he dicho siempre, no tiene razón, ni sentido, ni política; solo deja terror, muerte, chantaje... una voluntad destructiva que busca someter a los demás.

Madrid, en medio del horror, dio un ejemplo de coraje, solidaridad y heroísmo, y con Madrid, toda España. Nunca olvidaré la gratitud que sentí entonces hacia todos los que ayudaron y a quienes en todas partes mostraron apoyo. También hacia las administraciones públicas, que, con admirable eficacia, actuaron de forma coordinada para mitigar las consecuencias de los brutales atentados del 11 de marzo.

En esos días de duelo y dolor, reforcé las medidas de atención a las víctimas y a sus familias. Sentía que todo cuanto hiciéramos por ellos no era solo un acto de justicia, sino una auténtica deuda democrática. Cada decisión tomada se impregnaba de la convicción de que el Gobierno que lideraría tendría como prioridad absoluta el fin del terrorismo en España en cualquiera de sus formas.

Para ello fortalecimos las Fuerzas y Cuerpos de Seguridad del Estado, dotándolos de mejores recursos, mayor coordinación y acceso a inteligencia de calidad. Entre mis compromisos estuvo la creación de un mando único operativo que garantizaría una actuación eficaz y evitaría las descoordinaciones que en ocasiones habían comprometido nuestra seguridad. A ello se sumó la propuesta de coordinar todos los servicios de inteligencia e información del Estado.

Pero entendí también que esta lucha no podía ser solo interna. Desde el principio me propuse fomentar la cooperación internacional como eje principal en la lucha contra el terrorismo internacional. Esa cooperación debía respetar los valores y principios que nuestra democracia había consolidado. Nunca estuve dispuesto a proponer restricciones a nuestras libertades en nombre de la seguridad ni a apoyar iniciativas que pudieran vulnerar la legalidad, ya fuera nacional o internacional.

La utilización política del terrorismo es algo que siempre he rechazado. Creo firmemente que la unidad de los demócratas es esencial para esta lucha. Por eso, uno de los momentos más significativos para mí fue poner en marcha el Pacto por las Libertades y contra el Terrorismo, suscrito entre el Partido Socialista y el Partido Popular cuando yo era líder de la oposición. Ese pacto, para mí, sigue siendo un símbolo de la unidad necesaria en los momentos más oscuros. E intenté ir más allá, convocando a todas las fuerzas políticas a un encuentro en el que pudiéramos compartir información y definir una estrategia común.

Sin embargo, ese no fue el único desafío de aquellos días. También nos enfrentamos a un clamor ciudadano por el cambio. En aquellas elecciones, el Partido Socialista recibió un mandato mayoritario para liderar el Gobierno, y esa decisión expresaba una voluntad colectiva de transformación. Lo entendí no solo como un voto de confianza, sino también como una exigencia.

Los ciudadanos esperaban que cumpliéramos nuestras promesas. Había, ante todo, una demanda de respeto a la palabra dada, algo que para mí siempre fue fundamental. Mi compromiso era honrar ese mandato. Pero también supe que, además del cumplimiento de nuestras promesas, había una expectativa de cercanía y participación. Querían un Gobierno que escuchara, que atendiera a razones, que explicara cada decisión adoptada.

Esa voluntad popular se reflejaba en una Cámara diversa, sin mayoría absoluta, lo que requería diálogo, entendimiento y consenso. Mi voluntad era que esa legislatura se convirtiera en la del debate, el encuentro y la búsqueda de acuerdos.

A nivel internacional, trabajé para recuperar el consenso perdido, priorizando nuestra visión europeísta, fortaleciendo nuestras relaciones con América Latina y el Mediterráneo, y manteniendo una posición firme respecto a la legalidad internacional. Ese trabajo comenzó con las primeras reacciones del Gobierno a los atentados, en ese momento procuré hacer una política de aproximación a los sectores de población que pudieran compartir un mismo origen geográfico y religioso con los autores de los atentados.

Fueron prioritarias para mí las relaciones con Marruecos y Túnez, porque los terroristas del 11M eran marroquíes y tunecinos. Apenas se dieron entonces conatos de hostilidad contra la comunidad islámica en España. La sociedad española reaccionó de manera ejemplar. Creo que, desde el punto de vista de nuestro comportamiento colectivo, ese ha sido uno de los mejores momentos de la historia contemporánea de nuestro país; y lo digo convencido, sabiendo lo que suponía un atentado de esa magnitud en un país golpeado durante décadas por el terrorismo de ETA. La sociedad española podría haber reaccionado a la manera de George Bush, pero no lo hizo, y me siento profundamente orgulloso de eso como miembro de ella. Mantuvimos los grandes principios: aislar el terrorismo y perseverar en la paz y el entendimiento. Fue una experiencia de gran alcance. «Han muerto por ser españoles», se llegó a decir, y hubo quien intentó enfrentar dos culturas. No lo lograron.

Concebí esta política de no enfrentamiento durante mis años como presidente, procurando que la tarea de mi Gobierno tuviera un horizonte de paz, desde el reconocimiento y el respeto de las minorías. No en vano, las democracias más sólidas son las que respetan a las minorías. Y creo que España pasó a ser uno de los países más tolerantes y abiertos del mundo.

Con ocasión del llamado proceso de paz y tras haber formulado el Acuerdo por las Libertades y contra el Terrorismo, me propuse demostrar mi compromiso radical por el fin de la violencia. Supe al poco tiempo que la retirada de las tropas de Irak había impactado de forma positiva en la izquierda abertzale, que estaba considerando llevar adelante aquellas conversaciones. Anuncié la apertura del proceso en el Parlamento, y procuré mantener informados de sus avatares más relevantes al principal partido de la oposición y a los partidos vascos. Eso no impidió que, ante la ausencia de un verdadero marco legal, algunos llegaran a acusarme de colaboración con la banda armada. Afortunadamente, el Tribunal Supremo dictaminó que el Gobierno podía mantener ese diálogo. En aquellos momentos agradecí profundamente tanto la franqueza mostrada por la izquierda abertzale, como la labor de los *peacemakers*.

Como suele ocurrir en las conversaciones de paz, aquella negociación fracasó en un primer momento, pero creí que se daban las circunstancias para insistir en ellas y, por fin, el entendimiento fue posible. Fue determinante que la izquierda abertzale allanara políticamente ese camino, así como la perseverancia y el buen hacer de los *peacemakers* para recorrerlo hasta el final. Aquella victoria del diálogo tuvo un valor extraordinario para mí y lo sigue teniendo, más si cabe por el momento que atravesamos, el de más guerras abiertas y con más víctimas mortales desde el fin de la Segunda Guerra Mundial. En esta tesitura, el final de ETA es uno de los pocos momentos de las últimas décadas que han dado aliento a la resolución pacífica de los conflictos.

La izquierda abertzale me transmitió entonces su compromiso para una paz duradera, sin escisiones ni más atentados, y el tiempo ha demostrado que cumplieron su palabra.

Una parte muy positiva del final del proceso de paz con ETA, que siempre agradeceré, fue el apoyo de Mariano Rajoy, pese a que el PP no se sintió vinculado a las conversaciones que se llevaron a cabo en Noruega. Pero lo cierto es que su gobierno se encontró un país libre de la violencia etarra. La derecha de nuestro país no es muy dada a reconocer las virtudes ni los logros ajenos y, personalmente, tampoco lo esperé.

De cualquier forma, se necesita tiempo para poder realizar una lectura fidedigna de lo que ha supuesto para Euskadi y el resto de España el final del terrorismo.

La democracia y el diálogo demandan parámetros que puedan objetivarse. Durante mi Gobierno se abrió un periodo de paz y política libre de violencia, en el que debemos continuar perseverando con el fin de que la convivencia se imponga de manera definitiva.

En los últimos tiempos, mi mayor preocupación política ha sido la de que culmine de forma positiva el proceso de pacificación en Cataluña, siempre me he sentido concernido por él. El reconocimiento de las identidades nacionales debe ser prioritario para una política de estado.

Apenas llevamos trece años de paz y, aunque no lo viviré, estoy convencido de que nuestra especie civilizatoria llegará a abolir la guerra como instrumento para resolver conflictos. No sé cuántas generaciones serán necesarias, pero se logrará. Llegará el momento en que un conflicto como el de Ucrania y Rusia, casi una guerra civil, no podrá concebirse ya. Miles de personas ya han perdido la vida en esa contienda sin que, ciertamente, seamos capaces de explicarnos lo que ha pasado. Por eso mismo, pienso que la guerra requiere la mayor exigencia en el debate político. Me atormentan la gente que sufre y el nivel de incomprensión que ha conducido a tal sufrimiento; la incapacidad colectiva para detenerlo o para haberlo evitado. Y, por ello, el fin de ETA y la erradicación de la violencia política —fruto de haber allanado el camino para la conversación— me colmaron íntimamente como ninguna otra tarea de Gobierno. Aquella victoria del entendimiento supuso además la constatación de que no hay conflicto irresoluble; simplemente, son necesarios empeño, convicción y perseverancia.

Considero que estas dos grandes experiencias que tuve que afrontar durante mi Gobierno, una para terminar con la violencia de ETA y la otra para evitar que surgiera una confrontación de inciertas consecuencias a raíz del atentado terrorista del 11M, contaron con un desempeño razonablemente positivo de los gobiernos que presidí. No hay que olvidar que la sensibilidad de nuestro país respecto a la violencia es especial. Sigue latente, como decía, la huella de la Guerra Civil; por eso España entiende la necesidad de la paz mejor que la mayoría, porque una guerra civil acaba haciendo más por la paz, por su necesidad, que una guerra con otra nación.

La conclusión que es posible extraer de lo ocurrido en España es pues que la vía de la solución pacífica existe y es poderosa. Logra que la sociedad evite reaccionar de forma violenta y que asuma que la violencia, una vez ejercida, se recuerde para siempre como una aberración. En estas asunciones enraízan los grandes valores democráticos y humanistas, más necesarios que nunca en este momento. Debemos enarbolarlos, pues no son algo utópico.

Ya como expresidente, he participado en algunas mediaciones. En relación con Venezuela, las dificultades de este país datan de la época de su expansión económica, del descubrimiento de sus reservas de petróleo. Y si repasamos el origen de su conflicto político, podremos entender que no es otro que el de la pobreza y la desigualdad, como sucede en la gran mayoría de los países pobres o en vías de desarrollo, no solo latinoamericanos.

La posibilidad de participar en las negociaciones por el diálogo en Venezuela surgió en el año 2014. La oposición venezolana me planteó la situación extremadamente complicada que vivía el país meses antes de las elecciones de 2015. Creyeron que un perfil como el mío podría servir para abordar el diálogo con el chavismo, para intentar moderar las posiciones. Unasur lideró ese proceso en el que, en efecto, participé junto con otros dos expresidentes, el de República Dominicana, Leonel Fernández, y el de Panamá, Martín Torrijos. También medió el Vaticano. Nos reunimos en mesas públicas en las que se negociaban puntos imprescindibles para avanzar en el complicado proceso de paz venezolano. Aquel diálogo con altibajos derivó en lo que acabó llamándose el proceso de República Dominicana, cuando prácticamente ya estuve solo como *peacemaker*, junto con representantes de otros países, cuyo papel fue más bien el de observadores.

Viajé en muchas ocasiones a Venezuela y República Dominicana, cuyo Gobierno me brindó una gran ayuda, especialmente en las figuras de su presidente y de su ministro de Exteriores. Digamos que yo no concursé a ese puesto, y se trató más bien de una coyuntura que exigió el máximo compromiso por mi parte.

En aquel momento, el líder de la oposición venezolana, Leopoldo López, estaba en la cárcel, y la primera condición de los opositores para que el diálogo prosperara fue que consiguiéramos liberarlo. Aquello supuso numerosos viajes, largas conversaciones, persuasión y visitas nocturnas a la cárcel de Ramo Verde. Después de lograr su liberación, ya no pude desvincularme. ¿Cómo no acudir a la llamada de personas que han perdido la libertad, pudiendo hacer algo para que se la devuelvan?

Así ha ocurrido en numerosas ocasiones desde entonces. Estas circunstancias, unidas al hecho de que he podido mantener una relación fluida, incluso de confianza, con personas del Gobierno de Maduro, especialmente —como se sabe— con Jorge y Delcy Rodríguez, han causado, en efecto, gran sorpresa e inquietud en algunos sectores de la derecha española. Sin embargo, apenas se menciona que también ha sido ininterrumpido, franco y afable mi trato con la oposición, con cuyos representantes me suelo reunir con regularidad allí y aquí, pues visitan Madrid con frecuencia.

Es cierto que la oposición ha ido cambiando de referencias, pero, en general, mantengo una buena relación con el 80 % de los líderes opositores venezolanos, entre los que están Manuel Rosales, Henry Ramos, Henrique Capriles, Stalin González y Aquiles Moreno, por supuesto. Curiosamente, con quien sí he tenido problemas es con Leopoldo López —pese a haberlo sacado de la cárcel— y con Julio Borges. La de María Corina Machado es una etapa nueva para mí, pues no he tenido relación con ella y, en estos casos, nunca prejuzgo. En la vida, en general, es aconsejable aprender a evitar los prejuicios y tratar de construir una opinión propia, por encima del ruido, pero si te dedicas a contribuir en procesos de diálogo, resulta ya imperativo.

Aquellas negociaciones para el consenso en Venezuela que se desarrollaron en República Dominicana no llegaron a buen puerto, pese a haber estado a punto de arribar a él en febrero de 2018, cuando una parte de la oposición decidió no firmar. Donald Trump cumplía su primer año de mandato, y eso acabó alterando el proceso, a pesar de que tanto las garantías electorales como los acuerdos y todos los temas que preocupaban a la oposición habían quedado recogidos en el último documento del acuerdo.

A partir de entonces dejé de ser mediador de manera oficial en este conflicto, aunque he seguido vinculado a los intentos de diálogo, lo he hecho con mucha menos intensidad y principalmente por cuestiones relacionadas con políticos en prisión.

En 2021 y 2022, Noruega tomó el relevo. Seguí al tanto de la situación, pues los equipos noruegos han seguido en contacto conmigo para pedir mi opinión en algunos momentos. En los dos últimos años apenas he viajado a Venezuela un par de veces; una de ellas, durante las últimas elecciones, aunque ya no participé como observador electoral.

En la víspera de las elecciones pude reunirme con gran parte de la oposición, en la residencia de la embajada, y a continuación visité a Nicolás Maduro y a su equipo para calmar los ánimos, cuando ya éramos conscientes de la situación política que se nos venía encima. En mi rol de mediador oficioso, la primera decisión que tomé entonces fue decretar el silencio, la máxima discreción, consciente de que cualquier declaración mía en un sentido o en otro habría cercenado la capacidad para mantener el diálogo con las partes en el futuro. Ello me permitió participar en algunas gestiones que se conocieron.

El caso de Venezuela adolece de un grave defecto: se desarrolla abierto en canal para la opinión pública. El mundo está excitado por la hiperinformación, pero la única manera de resolver conflictos pasa por la discreción.

La discreción aúna dos factores muy importantes: la posibilidad de explorar caminos impensables para luego exponer públicamente solo uno, y la capacidad de transmitir a tu interlocutor una muestra de lealtad que facilita llegar a un entendimiento, porque la confianza se construye desde la capacidad para mantener un discurso reservado, frente a frente, en una mesa.

Los que hemos vivido de cerca el conflicto sabemos que no va a haber acuerdo sobre lo ocurrido en las últimas elecciones. Por ello se hará necesario intentar otros caminos, porque, en materia de negociación, es indispensable disponer siempre de un plan B, un plan C y hasta de un plan D. A continuación, hay que procurar equilibrarlos.

Ante la exposición pública, nadie quiere quedar como cobarde, nadie quiere que le consideren desleal o entregarse al otro lado. Por ello, el trabajo del facilitador, es decir, la siembra de la solución pacífica es un arte que requiere una enorme convicción. Como mediador se debe estar en condiciones de dialogar por igual con Nicolás Maduro que con Edmundo González, y procurar transmitirles el mismo grado de confianza.

Podrían repasarse los últimos sesenta años de la historia de Venezuela para entender lo que ocurre ahora: el Caracazo; el intento de golpe de Estado de Hugo Chávez; la caída de la IV República; la llegada al poder de Chávez y su forma de gobernar; la oposición radical sufrida desde el primer momento y el intento de golpe de Estado de 2002, que marcó un antes y un después; el fracaso de las conversaciones de República Dominicana en 2018; y, ahora, este último gran hito que, desafortunadamente, se ha cobrado 29 víctimas mortales, que sepamos.

Sé que no es fácil compatibilizar la condición de ser una personalidad pública, como es el caso de un expresidente, con la de estar implicado en tareas de diálogo y aproximación en conflictos graves que además despiertan un gran interés en la opinión pública. La contención, la prudencia, la discreción, la reserva, saber que para construir la paz debe anteponerse cómo ayudar a enjuiciar a las partes. Lo ideal sería incluso que se desconocieran los nombres y apellidos de quienes realizan esa tarea de ayudar en lo que humildemente pueden.

Entiendo las críticas, aunque el principio de buena fe debería imponerse a la hora de valorar una tarea en favor de una solución pacífica de los conflictos. Siempre, claro está, que se crea en ese principio ideológico. En estos tiempos no resulta sencillo clarificar si el valor de la paz cotiza al alza o todo lo contrario, pero lo perverso a todas luces es que existan mediadores intentando solucionar un conflicto en un escenario polarizador y se ponga el foco en su persona para demonizar ese trabajo. A este respecto, la actitud del Partido Popular ante el conflicto en Venezuela no ha pretendido más que extender más allá de nuestras fronteras el ruido del contrargumento, haciendo gala de su vocación directa para negar cualquier tipo de diálogo. El PP ya utilizó esta estrategia en Euskadi, pese a que la resolución de aquel conflicto supuso el final del terrorismo. Con Cataluña y Venezuela, sin duda, ha seguido la misma plantilla.

Y es que cuando alguien practica la exageración por sistema, acaba radicalizándose y su discurso llega a alcanzar las cotas de lo absurdo.

Atendí el primer caso hace ocho años. Conseguí sacar a un joven de la cárcel, y se vino a vivir a España. Aquí es un hombre feliz. Y también recuerdo el penúltimo, siempre hay un penúltimo, el de un ministro del Gobierno de Chávez, que estuvo preso durante cinco años y que, como el primero, también vive en España. Ese es mi trabajo, cuando puedo ejercerlo, dar pequeños pasos, aunque muy importantes para los sucesivos beneficiados, gestados a veces con mucho esfuerzo en conversaciones discretas, con la esperanza de que, poco a poco, se vaya perfilando una paz social duradera.

Tiempo de *PEACEMAKERS*

Construir la paz es la tarea más apasionante de un demócrata; es darle fundamento a la democracia, que consiste esencialmente en garantizar derechos y una forma concreta de convivir, desde la certeza de que la convivencia es imposible cuando hay violencia. Por tanto, democracia y paz nacen de un mismo anhelo, el de lograr un modelo adecuado para coexistir.

Mi pensamiento político tiene mucho que ver con este razonamiento, con mi compromiso y defensa de una mejor democracia. Así, y de manera coherente con estas convicciones, la esperanza esencial que he proyectado a lo largo de mi trayectoria ha sido siempre la paz, que considero la aspiración más noble de la política. La paz, entendida como la ausencia de violencia, una condición casi prepolítica, predemocrática.

Convivo con la sensación íntima y dramática de no haber podido evitar algunos conflictos bélicos de los que hoy ya nadie se acuerda, que nacieron de forma inesperada e incontrolada y que se saldaron con miles y miles de vidas humanas. Por ello, con el paso de los años he podido constatar —lo sigo haciendo— que no podemos sentirnos orgullosos todavía del modo en que se han tomado algunas decisiones para solucionar conflictos, al haber quedado en evidencia tantas veces nuestra incapacidad para evitar pérdidas humanas. Lo entendí por primera vez a principios de los noventa, en la terrible guerra de Bosnia.

Cuando se participa en procesos para la resolución de un conflicto, conseguir que se apueste por la paz y por la democracia como fundamento de las negociaciones es una tarea ardua. En el caso concreto de Venezuela, ya ni recuerdo con cuántos líderes opositores, además del Gobierno chavista, he conversado. De cualquier manera, bienvenido sea el debate, porque el camino hacia la justicia siempre empieza apostando por la palabra.

La palabra es ya un gesto de paz, el diálogo es una pausa de pacificación, ante graves conflictos que amenazan la convivencia. Decir que la paz, como condición de la democracia, en Venezuela no se logrará nunca sería traicionar mis principios. Simplemente, la tarea está por hacer. Cuando las acciones políticas son creíbles y están fundamentadas en convicciones se tiene la oportunidad de lograr los objetivos.

La realidad está teñida de violencia política de distinta intensidad. Asumir esta evidencia implica, sin lugar a dudas, que asistimos al proceso de toda una derrota social, moral y política con la garantía, además, de impedir la convivencia en un país o en una zona determinada del mundo durante décadas. Sus expresiones más reconocibles en la Historia son las guerras civiles, que, como bien sabemos en España, dejan una huella que perdura y divide. Para mí estas reflexiones forman parte del pensamiento democrático, es decir, la esencia de la búsqueda de materialización de una idea democrática es la aspiración a la ausencia de violencia. Constituye un requisito indispensable en democracia que los Gobiernos confirmen una idea de convivencia de la que todo el mundo pueda formar parte y no resuelvan las diferencias a garrotazos, como dejó retratado Francisco de Goya.

Si nos fijamos en el caso de la guerra civil americana, cuyas fechas son muy anteriores a las de la nuestra, aún percibimos su incuestionable presencia en la sociedad estadounidense.

En la mediación de los *peacemakers*, cuya labor se ve perjudicada por la escasa información al respecto, el factor humano es clave. Salvo el proceso multilateral del Grupo Contadora, que se llevó a cabo para promover la paz en América Central a principios de los ochenta, nuestro país no tiene una tradición de participar en procesos de mediación como Noruega o Suiza, por ejemplo, a través de equipos oficiales o dando apoyo en esa tarea a fundaciones u ONG.

Porque hay dos clases de *peacemakers*, el profesional, que anida en el funcionariado o entre los empleados de instituciones internacionales, y el *peacemaker* más estrictamente político. Pueden ser necesarios tanto unos como otros, o unos y otros actuando en connivencia.

La tarea política que más admiro es la que desempeñan en esta línea muchas personas anónimas —porque muchos prefieren permanecer en el anonimato— a las que se les exige una gran formación, una enorme templanza y una entrega ejemplar. Tengo el convencimiento de que a muchos de estos profesionales de la paz jamás se les ha reconocido ni se les reconocerá de manera alguna su labor; la distinción siempre recae en un político.

Las diplomacias de la paz han sido, sobre todo, como recordaba, diplomacias nórdicas que, en este momento, se encuentran debilitadas. Culturas como las escandinavas y Suiza —históricamente, grandes actores de la paz— tienen ahora las defensas bajas. Resulta significativo que todas estas fundaciones y organizaciones hayan perdido apoyos y cuenten con menos financiación. El tiempo que vivimos es el de la resignación ante la guerra y la violencia, cuando los momentos que anticipan procesos de avance democrático histórico son aquellos en los que no cabe la resignación ante los conflictos bélicos. Es muy probable que la razón de fondo sea la misma que explica la debilidad de la comunidad política internacional, el cambio tectónico que ha producido el declive del liderazgo mundial de Estados Unidos ha conducido a algunos países europeos, muy pocos, a seguir liderando los afanes de paz. Sin embargo, el registro dominante en la actualidad, fruto de ese cambio tectónico, es defensivo en Europa, donde se está reformulando la teoría de la consecución de la paz a través de la fuerza, algo que resuena a autocracias y dictaduras no tan remotas.

La mediación existe porque necesitamos hablar del deseo de la paz; porque la disputa es permanente en la actualidad, sobre todo en política. Y no existe una verdad única. El mediador parte de que la verdad se puede fragmentar y recomponer hasta lograr una solución. No hay espacio para la voluntad política única de los fundamentalistas que, debido a sus creencias férreas, profesan la intransigencia.

Creo que la búsqueda de la paz es una empresa que exige las mejores condiciones de un demócrata. La democracia, a fin de cuentas, nació fundamentada en el diálogo, incluso desde posiciones completamente antitéticas. Ejercerla consiste en esforzarse por entender las posiciones del otro y, en determinados casos, en perdonar. No habría habido democracia sin perdón, y sería imposible renovar la democracia si no perdonáramos. No se trata de olvido, sino de perdón genuino, de fomentar una memoria sana, libre de rencores, una memoria necesaria. La democracia es siempre intelectual, políticamente, una opción, una posición moral. Exige partir de la premisa de que cualquier

solución pacífica, cualquiera, salvo circunstancias muy excepcionales, es mejor que la guerra, que la violencia ciega,
destructiva, en la que el valor de la vida humana queda
totalmente instrumentalizado, arrinconado y preterido.

El mediador debe asumir que la mayoría de las veces
fracasará y, a pesar de ello, perseverará en su empeño; no
conseguirá el objetivo de la paz ni al primer ni al segundo
intento.

Cada día de conflicto vivido por un país necesita tres
para su resolución: uno de sanación, otro de construcción
y uno más de recuperación. En tanto que mediadores, los
peacemakers deben ser capaces de aislarse del debate y de
la opinión pública, estar dispuestos a asumir una posición
estoica y a permanecer al margen, también, de cualquier
tipo de reconocimiento. Si pretenden ser laureados, es difícil que hagan su tarea.

Para actuar como un *peacemaker* es necesaria una fe in-
declinable en la capacidad de la palabra, del diálogo, para
crear puentes hacia la comprensión recíproca entre las partes. Y con una férrea disciplina de neutralidad. No es posible mediar en un conflicto pensando que, inequívocamente, unos son los buenos y otros, los malos. Si eso ocurre, el
peacemaker no hará su tarea, su posición será otra.

La tarea del pacificador requiere partir de la premisa de
que no existe una verdad política pública, ni siquiera
cuando el conflicto tiene lugar entre los límites de una
democracia. Porque cuando se sobrepasan los de la acep-

tación recíproca, se entra en el terreno del conflicto puro, y en el terreno de ese tipo de conflicto las reglas del juego para intentar arbitrar, gobernar, organizar y encauzar no son las de la democracia convencional, donde sí se respetan los consensos. Esto es precisamente lo que ha estado sucediendo en Venezuela de manera más o menos abrupta desde hace prácticamente diez años, donde, pese a toda la tensión vivida, aún prevalece un sutil deseo de paz, consecuencia de la impronta de la Guerra Federal, entre liberales y conservadores, que se cobró más víctimas que todas las demás guerras civiles habidas en Latinoamérica en el siglo XXI, y cuya memoria sigue también muy presente.

Pese a que, por tratarse de un concepto abstracto, se le atribuya la capacidad de consentir muchas miradas, la paz no admite sofismas, lo que deviene en uno de los grandes problemas a los que nos enfrentamos los mediadores en este tipo de procesos. Dependiendo de quien la defina, esa concordia se llega a percibir de maneras muy distintas. Los revolucionarios, por ejemplo, diferenciaban una paz positiva, que integraba la paz social en busca de estabilidad, de la paz negativa, entendida como la ausencia de violencia. Pero este último es el primer concepto y el más importante, la ausencia del uso de la fuerza y, a partir de esa premisa, la búsqueda del entendimiento, del reconocimiento mutuo y del respeto. Esa es la clave.

Otro de los factores que un mediador debe conocer son los límites de los poderes económicos. El *lobby* judío y la industria militar están muy presentes en la toma de decisiones con respecto a Gaza, condicionan los movimientos estratégicos y las conversaciones de paz, pero no son determinantes. Influyen en el 90 % de los casos, aumentando el nivel de agresividad en una determinada dirección, pero en última instancia el diálogo político viene definido por la propia política, al margen de la situación en que se encuentren las fuerzas de un determinado país, y por el rigor intelectual y la fortaleza de que dispongan los movimientos sociales de carácter pacifista.

Lamentablemente, la cultura pacifista global ante los conflictos bélicos ha decaído en este primer cuarto de siglo. El porqué es una gran incógnita. El último movimiento en contra de la guerra y a favor de la paz tuvo lugar con motivo de la guerra de Irak. Las guerras de Ucrania y de Gaza han puesto en evidencia la escasez de movimientos cívicos por la paz, lo que redunda negativamente en la actuación y en las decisiones de los distintos Gobiernos. Si nos detenemos a pensar un instante, tampoco se habrían logrado leyes de igualdad de género sin la existencia de un movimiento feminista audaz, poderoso, intelectualmente bien equipado y respaldado por el conjunto de la sociedad. A diario me pregunto por qué no ocurre lo mismo con los movimientos por la paz, por qué la sociedad civil no está en la calle exigiendo diálogo y negociación a sus representantes políticos, y por qué no se siente abrumada ante la posibilidad de que estalle un conflicto externo generalizado. La respuesta probablemente se encuentre en la tendencia —ya mencionada— al individualismo de estos últimos años, que a su vez responde al encadenamiento de la crisis financiera de 2008 con la pandemia del Covid-19. Ambas situaciones han marcado a la ciudadanía en estos últimos años. En Europa, en concreto, se percibe con facilidad cierta fatiga de los fundamentos occidentales. No hablo, en particular, de la democracia; esta se ve afectada de manera colateral, debido a que es en Occidente donde la democracia es mayoritaria y donde se percibe esa fatiga pospandémica con mayor claridad. Tras superar la pandemia, percibimos cierto alivio, cierta recuperación que, sin embargo, no fue suficiente. Ese cansancio social se manifiesta cuando las promesas que emergen son, ante todo, defensivas, cuando la sociedad carece de un horizonte político de esperanza, de entusiasmo, de cambios y de reformas. Sucede entonces que los ciudadanos, a falta de otro tipo de oferta política, empiezan a votar opciones reactivas.

Pero la tarea de la paz compete en todo caso a la política; y a los políticos; no debe juzgarse a la sociedad por la incapacidad de los dirigentes de llegar a soluciones pacíficas, y tampoco es el cometido de jueces o de fiscales.

En todo conflicto que se ha solucionado ha existido mediación. Y es que resulta innegable que, si bien la mediación puede llegar a fracasar, sin mediación, el fracaso es casi seguro. Es así de sencillo. Su funcionalidad queda fuera de toda duda, incluso cuando no se llega a acuerdos, porque sirve para facilitar que se moderen las posiciones.

Entre tantos avances civilizadores, culturales y políticos, nuestra actitud debe ser de un inconformismo radical ante el desencadenamiento de cualquier conflicto bélico. Se exige para ello el consenso de muchas voluntades y mucha valentía, y la conjunción de un entendimiento que aborde la geopolítica desde la paz como primera tarea.

Ante la necesidad de resolver un conflicto, reconforta saber que en la figura del mediador tenemos, como responsable político, a alguien a quien denunciar los agravios sufridos, alguien a quien transmitir una serie de complejas demandas, las razones de una determinada posición, incluso una aversión irrefrenable hacia el otro. Durante estos últimos años, la mediación ha cumplido un papel fundamental para que empecemos a escuchar de verdad en los conflictos nacionales e internacionales.

En los conflictos no hay blancos o negros, son todo grises. La posición relativista del mediador contribuye a conseguir sus objetivos. Todo se desarrolla en función de dónde se encuentre el observador, de su historia, de sus conocimientos y vivencias, y desde el convencimiento de que su labor no es la de un fiscal. Por lo general, los seres humanos se comunican con sinceridad, se hablan mirándose a los ojos, se respetan. Conozco a muy poca gente incapaz de abrirse, por completo carente de sensibilidad, comprensión o empatía, las características que con frecuencia se perciben en una mesa de negociación.

El mediador debe tener capacidad para contagiarse sin reservas y situarse en el contexto cultural de cada una de las partes, por encima de las diametrales diferencias que puedan existir entre unos y otros. Debe preguntarse si los valores aprendidos niegan la existencia de otros igualmente estimables. Esa ventana debe quedar siempre abierta. No se trata de renunciar a los propios valores, sino de obligarse a escuchar los del otro, un imperativo fundamental para poder establecer unas mínimas reglas comunes a toda la humanidad.

Cuando me encuentro con algún mandatario de un régimen no liberal, mi misión no pasa por tratar de poner en evidencia que su país no es democrático, sino por conseguir una aproximación cultural. Es imposible abordar cualquier tipo de acercamiento desde una posición de cruzada; a lo largo de la Historia se ha demostrado que las cruzadas, sean religiosas o políticas, o incluso democráticas, no terminan bien. He acercado a más gente de valores distantes a los planteamientos liberales desde una posición de empatía que de cruzada. Para mí resulta fundamental conocer la biografía, tanto personal como política, de los líderes enfrentados, y ser capaz de escuchar.

La mediación exige valentía política; por lo general, hay que jugársela. El arte de la paz consiste en arriesgar políticamente y en hacer gala de una paciencia infinita (la paciencia, de hecho, es una gran categoría política). Sumidos en la competitividad de la política, todo el mundo quiere atesorar conquistas parciales, algo imposible, sobre todo, cuando tratas de resolver un conflicto. Como *peacemaker*, es esencial mantener en todo momento la sinceridad con ambas partes. Los contendientes te respetarán, siempre y cuando no los engañes.

Los dilemas más importantes a los que me he enfrentado como mediador siempre han tenido que ver con el deseo de establecer acuerdos con vocación de permanencia, lo más difícil de alcanzar. Se debe avanzar siempre de acuerdo en acuerdo, aunque, como suele ocurrir, la parte más débil de las dos en conflicto argumente que, hasta que no lo haya conseguido todo, no estará dispuesta a firmar.

Los *peacemakers* debemos asumir que no son viables las cuestiones valorativas respecto a las posiciones de unos y de otros. Todos los hechos deben tratarse de manera objetiva; se deben respetar en todo momento el discurso y la historia de cada una de las partes. Se debe mantener una disciplina que impida relativizar los valores axiológicos de cada *peacemaker* que esté mediando en un determinado conflicto, con una particularidad: la de saber siempre y de manera objetiva cuál de las dos partes es la más débil.

La parte más débil es a la que se le suele dar más, a cambio de un determinado discurso. Y esa es precisamente la condición básica que está fallando para la paz. En Venezuela se ha roto el consenso básico, esencial, democrático, el consenso republicano entre oposición y Gobierno, o entre oposición y chavismo. Cuando algo así se fractura, llega el fin, y se asume que el fin justifica los medios.

Como *peacemaker*, de nada sirve decidir quién es más culpable, porque en ese caso el acercamiento al conflicto ya no se lleva a cabo con las herramientas quirúrgicas precisas. Algo difícil de entender, pero no funciona de otra manera.

En cualquier conflicto existe siempre una retórica, una actitud natural que consiste en manifestar la comprensión de las posiciones que mantiene cada uno y en intentar contenerlas en todo momento, moderarlas, limitarlas. Esa es la clave. Y, por supuesto, conocer la psicología de lo que representamos y de lo que representan otros, para establecer puntos de conexión. Siempre es posible mantener una confianza razonable en los demás, ya sean actores políticos o guerrillas.

LA UNIVERSALIZACIÓN DE LOS DERECHOS HUMANOS

No fue hasta el siglo pasado cuando el mundo acordó la primera declaración solemne sobre los derechos humanos, que solo resultó posible tras la barbarie del genocidio y la destrucción.

Debió crearse Naciones Unidas con un ideal de esos derechos fundamentales, probablemente, insisto, el concepto político más elevado que ha conocido la Historia, que rompiera barreras y llegase a todas las culturas y continentes; para que, apelando a la razón y a la dignidad de las personas, se abriese, por fin, el diálogo entre diferentes hasta convertirlo en una causa común y universal.

Los derechos humanos son la expresión de la dignidad y de la libertad, y es preciso afirmar que no tienen límites, fronteras ni religiones. Son únicamente el fruto de mirar a los demás seres humanos como semejantes. Porque no es la naturaleza la que nos hace desiguales ni la que nos priva de derechos, es el poder ilegítimo de unos hombres sobre otros el que crea las desigualdades y atenta contra la dignidad humana.

Creo en la necesidad de preservar los derechos humanos, sean cuales sean las circunstancias, y de forma coherente con estas convicciones, no me cabe duda de que lo más importante para el avance global viene a ser, precisamente, su universalización.

Pese a la limitada capacidad de influencia que se ha manifestado de manera incontestable con el conflicto en Gaza, es justo afirmar que la ONU sigue siendo el organismo más respetado en este ámbito. No obstante, solo hay que preguntar en las agencias del sistema por todas las dificultades que varios países generan en torno al liderazgo de la Organización de Naciones Unidas, para entender la enorme complejidad que impregna cada paso que la institución pretende dar.

Es importante tener en cuenta que los Objetivos del Milenio y los ODS han sido posibles gracias, sobre todo, al trabajo llevado a cabo desde Naciones Unidas. Estos Objetivos se revisarán en el año 2030 para un desarrollo sostenible en el mundo e incluirán unos estándares sociales que protejan la dignidad de las personas. Por primera vez en la Historia, la humanidad expone una serie de objetivos para el avance global, circunscritos a unos límites temporales explícitos, que ya se están cumpliendo en algunos países. El reto ahora es lograr que todas las naciones los suscriban.

Con respecto a las instituciones que impulsan los procesos de paz más relevantes, el Consejo de Seguridad de la ONU es la única institución reconocida con un ordenamiento de mayor capacidad para evitar guerras o solucionarlas. Y aunque no se menciona a menudo, ha evitado numerosos conflictos en todo el mundo.

Tras el debilitamiento colateral que se ha percibido en los últimos tiempos, se encuentra —como siempre— la gran enseñanza de Naciones Unidas tras su constitución, finalizada la Segunda Guerra Mundial: el convencimiento de que el patriotismo, el soberanismo, el nacionalismo y el proteccionismo son el camino más seguro hacia la guerra y el estancamiento. El fundamento, la raíz de la Carta de San Francisco, que invoco permanentemente, es la convivencia y la cooperación de las naciones, sin distinguir banderas, geografía o sistemas políticos. Ese afán de mantenimiento de la hegemonía y de viaje defensivo a ninguna parte desde Estados Unidos hace una diferenciación, pone una barrera entre democracias y no democracias, entre países con sistemas muy liberales y todos los demás, y abre debates sobre cuál es realmente democrático, cuál no, y, en última instancia, sobre la actualidad y el significado del propio término «democracia».

El umbral que da la medida de la situación en que nos encontramos a nivel internacional en este momento está en el número de países cuyos gobernantes apuestan por la solución pacífica de los conflictos y la paz como tarea prioritaria. En el ámbito democrático occidental se percibe esa idea, que no cesa de abrirse camino, de la necesidad de fortalecer la defensa, el gasto militar y la seguridad, un planteamiento que siempre nos conduce a un punto de no retorno.

Los demócratas del mundo tenemos una obligación moral, la de luchar por el entendimiento tanto con los que piensan como nosotros, como con los que no. En el camino hacia la reconciliación, podemos estar seguros de que seguirá brotando más democracia. Por supuesto, si llega a ser necesario, si intentan cambiar o menoscabar nuestro sistema político, si alguna vez atacan nuestra democracia, hay que defender el pensamiento político que fundamenta Occidente.

En estos momentos, la comunidad internacional carece de un verdadero y potente impulso social a favor de la pacificación, y Naciones Unidas es nuestra única esperanza de construir el espacio necesario para el diálogo. La institución está sufriendo seriamente por su autoridad, pero es evidente que carecemos de otro proyecto que, tras su renacimiento después de las dos grandes tragedias vividas en el siglo xx en Europa, cuente con el aval de su gran valor histórico.

Durante los periodos en los que la Organización de Naciones Unidas resalta por su fortaleza, se propagan el entendimiento y la inteligencia pacífica, dos pilares en los que radica la verdadera cultura. Sin embargo, hoy en día la institución muestra signos de debilidad y pierde autoridad, por lo que podemos estar seguros de que la paz y los derechos humanos se nos están escapando en algún lugar del mundo, en favor de la guerra y de posturas unilaterales.

Por tanto, más allá del trabajo de los *peacemakers*, hay una labor estructural que las grandes potencias deben asumir y poner en marcha, y es el compromiso de blindar la autoridad y el liderazgo de Naciones Unidas. Lamentablemente, la frialdad con que reaccionó Estados Unidos y la agresividad con que lo hizo Israel ante la posición respecto a la guerra de Gaza de su secretario general, el portugués António Guterres, pese a haber mostrado este último una actitud moderada y serena en sus declaraciones, ha resultado descorazonador.

Esta actitud no es algo puntual; las grandes potencias ningunean el posicionamiento de la ONU desde hace décadas. No podemos olvidar que ya en 2014 Rusia invadió Ucrania, que Estados Unidos ya había invadido Irak y que ahora Rusia ha vuelto a invadir Ucrania. ¿En qué lugar queda la paz como imperativo para las grandes potencias? Ante esta tesitura, ¿cómo podemos considerar a Estados Unidos, una potencia democrática, cuando comete la misma ruptura de la legalidad internacional que Rusia? El juicio no debería ser distinto, como no lo es el efecto político que provocan sus acciones en el orden internacional.

Durante mi etapa como presidente del Gobierno de España, coincidí con dos secretarios generales de la ONU, Kofi Annan y Ban Ki-moon. Con ambos mantuve una gran relación, con menos proyección pública y menos liderazgo en el caso de Ban Ki-moon, y en el marco de una relación privilegiada con España en el de Annan. Los dos cumplieron su papel con creces y a ambos les debemos el reconocimiento de su esfuerzo por los avances extraordinarios conseguidos en políticas de lucha contra la pobreza y, en general, para el cumplimiento de los Objetivos del Milenio, máxime si recordamos que sus mandatos coincidieron con los dos grandes acontecimientos internacionales ocurridos en el primer cuarto del siglo XXI: el atentado contra las Torres Gemelas, durante el mandato de Annan, y sus consecuencias en Oriente Medio, que acabaron en la Primavera Árabe, durante el de Ban Ki-moon. Todos los ojos se volvieron entonces hacia Oriente Medio, especialmente hacia Irak y Afganistán, los dos grandes peligros, y es ahí donde debemos reconocerles los enormes esfuerzos realizados para lograr la conciliación.

En la actualidad, el papel de la ONU se ha visto velado por la proliferación de conflictos bélicos, pero tanto Kofi Annan como Ban Ki-moon mantuvieron la autoridad del organismo durante sus respectivos desempeños, pese a las dificultades de su relación siempre tensionada con Estados Unidos. Mi opinión respecto al actual secretario general, António Guterres, es al menos tan buena como la que me suscitaron sus predecesores. Lamento enormemente que las grandes potencias hayan impedido que se le reconozca la autoridad que le corresponde, especialmente en el Consejo de Seguridad. No obstante, Guterres ha sido capaz de crecerse ante la guerra y ha sabido mantener también la dignidad de la institución. No resulta extraño, por tanto, que Israel le haya respondido con la mayor agresividad mostrada por su parte en los últimos cincuenta años.

Conflictos como el de Gaza o el de Ucrania, especialmente, suponen frenazos a los avances en materia de paz global, que en algunos casos ya ha entrado en una fase de auténtica involución. Pero no solo se trata de estas dos guerras; la opinión pública es perfectamente capaz de percibir dos varas de medir en las actuaciones de los Gobiernos de cada una de las naciones a las que me he referido unas líneas atrás.

La apuesta por la paz es una apuesta determinante por el desarrollo y por las democracias, y es inaceptable que en la actualidad se haya puesto en cuestión; que gane adeptos el discurso de que incrementar el gasto en defensa de las naciones es la única solución. Solo manteniendo la paz conseguimos llevar la democracia a la Europa del Este, entre otros lugares del mundo; no lo olvidemos.

La apuesta por la concordia de los pueblos y por la reducción de los conflictos es siempre la mejor inversión a largo plazo, incluso económicamente. También, claro está, para las democracias. Esta posición a menudo es difícil de sostener en foros internacionales, y aunque resulte sorprendente, uno se llega a sentir en minoría.

La democracia empieza a ser más frágil cuando deja de poner en práctica y desarrollar los principios del Estado de derecho, la legalidad internacional y el respeto a la soberanía, en las relaciones tanto con países democráticos como no democráticos. El carácter democrático de un país no solo radica en su capacidad para proveer procesos electorales internos, en la garantía de jueces independientes o en la capacidad para garantizar los derechos de sus ciudadanos, sino también en que se practique el respeto a las leyes y a los derechos en la política exterior, en que esta se base, en principios defensivos, no agresivos, en el deber de actuar con arreglo al criterio de proporcionalidad. Cuando este se ignora en las relaciones internacionales, se corre el riesgo de abrir la puerta a los peores excesos y comportamientos.

Por otro lado, la inercia y la desconfianza en un conflicto son muy peligrosas. ¿Cómo construir un método por el que los acuerdos parciales se solidifiquen y pasen a ser definitivos, si es que en algún momento es posible hablar de «definitivo» en el marco de un conflicto? Por ello, cuando, tras la oportuna mediación, finaliza un conflicto, la mediación permanece, la observancia debe continuar, porque de alguna manera, en ambas partes perdura la necesidad psicológica de afirmarse, de asegurarse el respaldo.

Uno de mis sueños como político es conseguir que Europa cuente con un auténtico ejército de *peacemakers,* de mediadores, más allá de los impulsos para la paz dirigidos por ministros y diplomáticos y de la recuperación o fortalecimiento del liderazgo de la ONU como entidad supranacional para la paz.

De acuerdo con la tradición europea que apuesta por la solución pacífica de los conflictos, la Unión Europea debería promover e invertir poderosamente en este gran ejército de profesionales de la paz, de mediadores con los que promover y normalizar de este modo políticas para la resolución pacífica de los conflictos.

Conseguir que las instituciones promuevan una red internacional que integre a todas las ONG que trabajan a favor de la paz, promoviendo una gran concentración que conforme y respalde a los *peacemakers,* es otro de mis objetivos. Confío en que sean muchas las empresas que se involucren en el proyecto. ¿Será posible contrarrestar el *lobby* vinculado a la empresa militar, formando uno que trabaje a nivel internacional por la paz y suponga un estímulo contra la dramática resignación en que vivimos?

No es mi intención promover un discurso sobre la necesidad de aumentar el número de soldados de la Unión Europea, pero sí estoy profundamente convencido de que deberíamos atesorar ese ejército de centenares o miles de *peacemakers* en las sociedades avanzadas. Quizá esto proveería de espacios diferentes ante los conflictos y en busca de la paz. En Europa todavía no existe, pero sí cuenta ya con una cierta cultura, con un equipo más especializado, aunque no organizado ni estructurado para promover la solución pacífica. Debería tratarse de un tipo de cuerpo diplomático de paz con una tarea muy especializada.

Milito en el lado de la esperanza y, por ello, creo firmemente que la comunidad internacional debe reflexionar de manera impostergable sobre la deriva interna que están viviendo las democracias bien afianzadas y sobre su debilidad, en la búsqueda definitiva de un nuevo orden para el mundo que habitamos y que heredarán las próximas generaciones.

Los mayores logros se consiguen siempre con la palabra y con el reconocimiento de los otros, aunque sus posiciones se encuentren a años luz de las nuestras. Tengo la certeza de que será mediante el diálogo —del que siempre se aprende y con el que siempre se construye—, a través del trabajo en cooperación, como conseguiremos moldear la realidad hasta alcanzar un futuro libre de violencia entre los pueblos para las próximas generaciones. No es una utopía. Si la convicción es la esencia de la acción política, los políticos debemos predicar con el ejemplo y revisar el origen y los intereses que amparan la violencia política y la guerra. Estos intereses se esconden bajo la premisa de una supuesta superioridad, del desafortunado convencimiento de que, en cuanto democracias puras o primigenias, el conjunto de naciones que formamos Occidente tenemos la misión de rivalizar con la otra parte del mundo. Es inútil pretender avanzar interpretando el mundo en bloques de contradicciones insalvables o de rivales sistémicos. Están en juego los principios de la Ilustración, la evolución de la Historia en los tres últimos siglos de emancipación de los seres humanos.

Sigamos dialogando.

2

La gran contradicción

Siempre que la humanidad ha disfrutado
de la paz durante demasiado tiempo y con
demasiada despreocupación, le sobreviene
una peligrosa curiosidad por la embria-
guez de la fuerza y el apetito criminal por
la guerra.

Stefan Zweig

El cambio de liderazgo mundial y el repliegue
del multilateralismo

Soy consciente de que el multilateralismo, por sí solo, no es una garantía suficiente para la paz, pero es una forma bastante efectiva de frenar las conductas egoístas de los Estados. Reconstruir la paz, a través de una reconciliación política y cultural duradera, mediante la cual las naciones se inclinen de manera definitiva hacia la estabilidad social, exige defender esta postura, como antítesis del unilateralismo.

Las ciudadanas y ciudadanos del mundo actual demandan cada vez más transparencia, más control y más participación, la evolución lógica de la sociedad civil hacia una democracia deliberativa, una democracia avanzada. Pero debemos agregar a ello una necesidad en apariencia imperceptible, y es la demanda por parte de la sociedad de un nuevo equilibrio que disminuya los espacios de conflicto, que rebaje la tensión permanente en la que el siglo XXI parece haberse instalado. En un contexto de estas características, la colaboración y el diálogo entre naciones, la conjugación de lo local con lo global, resultan ineludibles.

La gran contradicción de nuestro tiempo es el repliegue del multilateralismo. Es lamentable que en el momento de la Historia de mayor conexión entre los seres humanos, las mentes reaccionarias planteen el diálogo y el consenso como una debilidad o una posición insustancial, en el mejor de los casos. El comercio internacional y las tecnologías de la comunicación han potenciado la interdependencia y la interrelación de las personas y de las naciones a unos niveles que jamás habríamos imaginado y, sin embargo, el repliegue del multilateralismo ha hecho que las instituciones internacionales, aquellas que deberían velar por que el mundo permanezca en paz y justicia, se hayan debilitado enormemente. Llevo mucho tiempo reflexionando sobre esta gran paradoja histórica que, evidentemente, tiene una causa directa en la actitud de Estados en constante sumisión, que no son capaces o no desean asumir la autonomía política que les corresponde. Como consecuencia de esto, las democracias liberales vivimos un momento de zozobra. Como si hubiéramos decidido autolesionarnos, pues la forma de autolesión más evidente para una democracia es creer que su mundo es pequeño, que Europa u Occidente incluso puedan ser el mundo entero.

Durante la primera década del siglo XXI, la Unión Europea y Estados Unidos fortalecieron sus compromisos colectivos en favor de la democracia y de la seguridad, con sus miras puestas en el cumplimiento de los Objetivos del Milenio. Sirva como ejemplo la recuperación, en 2009, por parte de Barack Obama, entonces presidente de Estados Unidos, del propósito de conseguir un mundo libre de armamento nuclear. A este respecto, las potencias nucleares y otros países tentados por este tipo de armas debían reducir su fuerza progresivamente, llegando a apartarse de cualquier camino nuclear con fines militares. Lamentablemente, en la actualidad, solo hay que abrir un medio de comunicación para comprender que hemos desistido de esa gran ambición.

Este desorden internacional no es, ni mucho menos, el primero en la Historia. Quizá, para nuestra generación —la de aquellos que no vivimos la Segunda Guerra Mundial— sea el más intenso desde el final de la Guerra Fría en 1989. Conservo la esperanza de que, a través de procesos políticos negociados, consigamos renovar y sacar adelante un proyecto de progreso económico y social. La experiencia del proyecto europeo y la visión de sus padres fundadores debe ilustrar el siglo XXI, más consecuente con lógicas de apertura.

Es decisivo para un orden de paz que la Unión Europea no ceda más autonomía política a Estados Unidos.

Existe en la Europa actual un eje Bruselas-Washington,

o Washington-Bruselas, para ser más precisos, de subordinación a la política exterior y de relaciones internacionales de Estados Unidos.

Sabemos que la UE está sometida a los cambiantes e inciertos ciclos políticos en los países que la integran, y aunque es claro el resurgir de fuerzas nacionalistas poco europeístas y de derecha extrema, también hay que hacer notar la recuperación de la izquierda en los países nórdicos, su avance en las elecciones legislativas francesas y la permanencia en el gobierno de España, tal vez muestren un nuevo camino hacia el futuro, en oposición a la realidad del nuevo frente de «patriotas» ultraderechistas.

Porque lo que ocurra en Francia siempre es relevante. Si Alemania tradicionalmente —esto ya está en cuestión— conformaba la Europa económica, Francia ha representado la Europa política. Es la potencia cuyo liderazgo fue más evidente durante la construcción de la Unión. Figuras como la del expresidente de la Comisión Europea, el socialista Jacques Delors, siempre hicieron gala de una posición soberana e independiente en cuanto a la política exterior de la Unión Europea, con la que transmitían su visión global y el papel que Europa debía jugar en el mundo. Ambas cosas venían determinadas por una política francesa muy autónoma de Estados Unidos, que fomentaba unas buenas relaciones con Rusia y el continente africano. Esta era, a grandes rasgos, la tradición francesa, que se extrapolaba a la política exterior de la UE y que se quebró tras el referéndum de la Constitución europea que Jacques Chirac perdió en Francia en el año 2005. Eximen de culpa a Chirac la autonomía, la identidad y la fortaleza con que Europa plantó cara a Estados Unidos en el comienzo de la guerra de Irak, el que podemos considerar como el último momento de verdadera autonomía política europea.

Lo que ocurrió en Francia tras aquella consulta podría considerarse, en buena medida, como un *Frexit*. España, sin embargo, sí ratificó en aquel referéndum la Constitución, un proyecto que, finalmente, abandonó la UE.

Fue en 2005 cuando Jacques Chirac y el canciller alemán, Gerhard Schröder, tras haberse negado a participar en la guerra en un primer momento, decidieron que Europa intervendría junto a los Estados Unidos de George W. Bush en Irak, donde no se había demostrado la existencia de armas de destrucción masiva.

En un principio, los mandatarios europeos cerraron filas en torno a la política de paz y de cooperación establecida después de la Segunda Guerra Mundial, pero las causas de aquel repliegue del eje franco-alemán son claras.

En primer lugar, la transmutación de la Unión Europea en su fisonomía política, con la entrada de los ocho países de la Europa del Este, el 1 de mayo de 2004. Fruto de su vínculo histórico con Estados Unidos, estos países desequilibraron claramente la posición de la UE en favor de menos autonomía política y más frialdad y distanciamiento con Rusia.

Durante más de una década, Angela Merkel contuvo esa frialdad y ese distanciamiento, hasta la invasión de Ucrania por Rusia a finales de 2013, la conocida como guerra del Dombás, con Berlín y París de mediadores. La firma en septiembre de 2014 del Protocolo de Minsk, con el que se puso fin a la guerra, frenó la situación, que acabó deteriorándose definitivamente con la última invasión rusa de Ucrania, dejando a Alemania en una posición contradictoria. Considero que la postura de Alemania puede afectar gravemente al destino actual de la Unión Europea.

Hay cambios geopolíticos que se pueden facilitar; otros, no.

Estados Unidos, sin ir más lejos, no tuvo problemas con China hasta que esta empezó a posicionarse como potencia tecnológica y a tener, por ello, mayor fuerza internacional. Hasta entonces se le consideró un socio estupendo, al menos económicamente, pues producía muy barato. Cuando China pasó a disputar «la NBA internacional», Estados Unidos reaccionó amenazando su liderazgo, y Europa, en mayor o menor medida, se fue posicionando a su lado, de la mano de esa famosa frase que define a China como «socio, competidor y rival sistémico».

Resulta muy difícil establecer una relación internacional desde tres posturas diferentes. Como me dijo una vez un ministro del Partido Comunista Chino: «Cuando me siento con Europa, no sé en qué condición estoy». China, sin embargo, no es la más interesada en la autonomía estratégica de Europa. Este tema suscita bastante polémica dentro y fuera de la Unión. A grandes rasgos podríamos hablar de que la autonomía estratégica de un país o región reside en que estos puedan preservar la defensa y promoción de sus propios intereses, libres de injerencias. Sin embargo, en la práctica está muy focalizado en el ámbito de la defensa. Frente a este concepto que considero, como mínimo, difuso, prefiero defender el de «autonomía política», pues su puesta en marcha supone la superación en gran medida de otras dependencias estratégicas, especialmente con respecto a Estados Unidos. El tipo de autonomía estratégica derivado del relato del mundo que pretende construir Estados Unidos no favorece en realidad la autonomía política de Europa si, por ejemplo, esta se muestra a favor del multilateralismo y de una relación más abierta con la propia China. Como idea, lleva incorporada lo que podríamos llamar una sordina estratégica que disuade de una hipotética dependencia de Europa respecto al gigante asiático.

La contradicción —mirando hacia el futuro— es insalvable si pensamos que estamos comprando a este país hasta cuatrocientos mil millones de euros anuales. Cierta hipocresía estructural hace que jaleemos las inversiones chinas, como si prefiriéramos cambiar el nombre a lo que son, pero no a lo que hacen. Y eso no puede ser. Pienso, sinceramente, que esta perspectiva es de corto alcance. Los liderazgos históricos, una vez entran en declive, pierden la capacidad de análisis y dejan de reconocer a los demás. Esa es la realidad. Se encierran y empiezan a perder su visión política. Y esto es justo lo que está ocurriendo con Estados Unidos.

En efecto, hay una característica fundamental cuando hablamos del cambio histórico en los liderazgos internacionales: la tendencia a encerrarse en sí mismos y a engendrar más rivales o, simplemente, a ver más rivales en la escena. En este sentido, y en un mundo que ha cambiado tanto en las últimas décadas, Europa y Estados Unidos no parecen entender esos cambios. No existe para ellos el 80 % de la población del planeta que crecientemente los protagonizan. Esa es, a la vez, la verdad y el epítome.

El momento culminante ni siquiera está siendo la invasión rusa, por la que Rusia merece, sin duda, una sanción tras haber violado la legalidad internacional. Aunque, por otro lado, ¿no es verdad que también Estados Unidos la ha violado varias veces sin que haya habido sanciones?

El mejor momento de Estados Unidos en su etapa de gran potencia fue sin duda su compromiso en la Segunda Guerra Mundial contra el fascismo y la puesta en pie de las Naciones Unidas, junto a los aliados. Ese compromiso merece un reconocimiento para siempre, al igual que las otras naciones que entregaron tantas vidas por librar al mundo de la peor pesadilla conocida en la historia.

Tras la Segunda Guerra Mundial, Estados Unidos fue quizá demasiado poderoso, con el tiempo el destino le jugó una mala pasada. O quizá no fuera el destino. Ocurre en ciertos periodos de la Historia que quien ostenta la hegemonía controla tres áreas estratégicas que son la producción agrícola, la producción de bienes y, más tarde, las finanzas internacionales. Pero, en ese mismo orden en que las adquiere, las va perdiendo. Empiezan entonces los debates internos y la obligación imperiosa de volver a ascender.

Es más fácil diagnosticar que Estados Unidos ya corre el riesgo de sumirse en una verdadera crisis nacional, no solo institucional, que anticipar cómo va a salir de ella. Pero la forma en que lo haga estará directamente relacionada con la asunción de que su pretensión hegemónica ya es imposible, de que debe cambiar su visión de la Historia y de las relaciones internacionales, y terminar definitivamente con sus intentos exasperantes de mantener la supremacía acudiendo a soluciones de fuerza. Por parte de Europa, al menos, me parece impensable ignorarlo por mucho más tiempo.

El declive de los imperios son todas dolorosas; no sabemos, sin embargo, cuánto duran los periodos de interregno como en el que nos encontramos ahora, entre un imperio y otro. La periodificación resulta muy difícil de prever, pero es evidente que, hoy por hoy, Europa sigue apoyando a Estados Unidos en una cruzada imposible, en la que se adivina un cambio de orden mundial.

No es fácil que Estados Unidos asuma que es un imperio en crisis, aunque sigue siendo la primera potencia mundial, pero Europa debería replantearse en todo caso su autonomía política bajo un estricto análisis de la situación geopolítica mundial. La política estadounidense de constante incremento del gasto en defensa con el pretexto de mantener su seguridad y, en general, la de todo Occidente no garantiza en absoluto su liderazgo.

Estamos viviendo la recolocación de los actores más potentes en el tablero geopolítico y, en particular, de la relación entre Occidente y China. Advierto en este ajuste el empuje de Washington sobre Bruselas, y la presión de las cancillerías europeas sobre China, en paralelo a la ejercida por Rusia llamando durante años a todas las puertas de América Latina.

Estados Unidos compite con China por el liderazgo mundial. Ha decidido que para mantenerlo debe resistir a cualquier coste. Podría haber elegido otro camino, el de liderar el multilateralismo, liderar verdaderamente la política y sentarse a una misma mesa con el chino y el europeo. Ganarían así en fuerza y en credibilidad. Aún mantengo la esperanza de que eso ocurra algún día.

Aunque no cabe duda de que la Historia es cíclica, es inevitable contrastar la situación actual con el periodo que siguió a la Segunda Guerra Mundial, y que recoge muy bien la Carta de San Francisco. La prioridad entonces era evitar el terrible flagelo de la guerra. Gracias a ella, la comunidad internacional consiguió décadas de contención, incluso existiendo dos bloques militares que se odiaban e intentaban, cada uno a su manera, dominar el mundo.

Si bien es cierto que la contención entonces fue relativa —ha quedado para el recuerdo la crisis de los misiles que se resolvió en Cuba políticamente, negociando—, sí podemos considerar que, tras la caída del muro de Berlín, se superó por fin esa amenaza.

Ahora, sin embargo, en lugar de reconstruir una solución multilateral para la situación crítica que atravesamos, se arriesga esta visión por una causa muy clara: la pérdida de poder económico de Estados Unidos y, por consiguiente, su pérdida de influencia, fruto de la emergencia de China.

Ante esta realidad se ha optado de nuevo por recuperar la amenaza, la idea de seguridad en detrimento de la cooperación, porque quizá ya han pasado muchas décadas desde la Segunda Guerra Mundial. Es triste decirlo, pero es así. Vivimos un momento en que se puede atisbar el desastre; no me atrevo a imaginar cómo. Ojalá el terrible seísmo geopolítico que vive Oriente Medio, con epicentro en la guerra de Gaza, marque un punto de inflexión global desde el que reconducir la crisis que estamos atravesando.

Conviene puntualizar que la verdadera razón de la menor influencia de Estados Unidos no será ni la amenaza china ni sus propias debilidades internas. Creo firmemente que será consecuencia de la evolución inevitable de los procesos históricos, en especial de los últimos treinta años, en los que Estados Unidos y Europa han ido perdiendo poderío económico, al tiempo que lo han ido ganando los países emergentes.

La fractura social interna que vive Estados Unidos es producto de la desigualdad, resultado, a su vez, de esa pérdida de influencia económica; esa pérdida de poder interno y externo, desde el año 2000, es responsable del surgimiento de fenómenos como el trumpismo —cuyas causas últimas son muy parecidas a las del Brexit—, el miedo a la inmigración y esa idea de que los invaden y acosan desde fuera, ya sean los propios inmigrantes o Pekín, en el caso de Estados Unidos, y Bruselas, en el caso del Reino Unido con el Brexit, señalando con claridad el declive de Gran Bretaña.

Sabemos lo que ocurre cuando empieza a ponerse el sol. Nos pasa a las personas, como les pasa a los países. Es muy difícil asumir el declive cuando, como en el caso de Gran Bretaña, en cierto momento histórico llegaron a ser el 10 % del PIB mundial y el imperio que más territorio ha atesorado en la Historia. El 25 % del orden mundial era Gran Bretaña. Y, de repente, les invade la angustia vital de que ya no son nada. Culpan a Bruselas o a los inmigrantes de hundir el país, a las minorías que acabarán siendo mayorías, y entonces la gente pierde.

Hay un problema de fondo en el caso de Estados Unidos. Interpretó bien el cambio histórico y del orden internacional a la salida de la Segunda Guerra Mundial. Estableció un estatus, contrarrestó la fuerza del bloque soviético. Pero aquí estamos hablando del Consejo de Seguridad de Naciones Unidas, y ahí ha dejado de interpretar correctamente la realidad, al tiempo que su influencia internacional ha ido debilitándose en esa capacidad de mantener cohesionado el sistema bajo sus normas.

Han ido surgiendo otros que le van a disputar el poder económico, y ya es incapaz de jugar en todos los frentes, incapaz de mantener el control y el cumplimiento de las normas internacionales, y de conservar el dominio a nivel militar. Al final, en mi opinión, todo se traduce en ausencia de un liderazgo político estratégico, de futuro.

La guerra siempre es la consecuencia de la ausencia de política. El enemigo sirve para definir tu identidad. Durante la Guerra Fría, una de las cosas que más le interesaron a Estados Unidos fue utilizar a la Unión Soviética como un antagonista con el que validar su democracia y tenía razones para ello, por el afán expansionista de la Unión Soviética y su régimen autoritario. Cuando ahora está iniciando la contraofensiva contra China, que vive una etapa de florecimiento de su independencia como gigante, intentará también usar a la potencia asiática en este sentido, mediante el discurso de que no es un país democrático, lo que a estas alturas, tampoco cambiará la balanza comercial global favorable a Asia.

En medio de toda esta situación hay un espacio geopolítico donde se requiere una acción política inmediata, un espacio donde pueden solucionarse o recrudecerse los problemas actuales del mundo y que conforma el epicentro de este repliegue del multilateralismo nocivo para la solución pacífica y el progreso de los Estados. Este espacio es Oriente Medio, y la solución pacífica empieza por que las instituciones internacionales busquen soluciones alejadas del eurocentrismo.

Es cierto que en Occidente nacieron la Revolución Industrial y los parlamentos. Es cierto que Occidente ganó la Segunda Guerra Mundial... Pero, a partir de ahí, la historia fue y será mucho más larga.

El Mar Blanco: una herencia de valor incalculable

En los últimos tiempos se ha llegado a decir que, tras un siglo y medio de predominio de la orilla atlántica del mundo, estamos entrando en la era del Pacífico, ante la fuerza de China y de otros muchos países asiáticos, y su influencia creciente sobre África y Latinoamérica. Inmersos en lo que considero, sin paliativos, un cambio de orden mundial a favor del liderazgo chino, tengo el convencimiento de que, sin embargo, a largo plazo, Oriente Medio es el gran escenario para la paz en el mundo, como trataré de explicar más adelante.

La puerta para que Europa regrese al multilateralismo en sus relaciones con Oriente Medio se llama mar Mediterráneo o «Mar Blanco», como se denomina en lengua árabe. En sus orillas, España y Marruecos juegan un papel crucial. Nuestra relación especial, prioritaria, con Marruecos es inseparable de una visión perspicaz de lo que nuestro país representa en el mundo y, en especial, entre los países del Mediterráneo.

En el Mediterráneo está el comienzo de casi todo. Quinientos años antes de Cristo, los griegos decidieron *dialogar* (el mayor descubrimiento de la Historia, decía Borges). Conversaban sin intentar convencerse los unos a los otros, pero, al escucharse, empezaron a pensar, a construir todo un sistema filosófico desde el que aproximar la convivencia. Históricamente, el Mediterráneo ha sido diálogo, aunque la tarea ha permanecido interrumpida no pocas veces por la ofensiva de los fundamentalismos de uno u otro signo, como el del nacionalcatolicismo que irrumpió con la espada y la sinrazón de los hombres en un escenario que hasta entonces había sido de comunicación, colaboración e influencia entre culturas diversas.

Todo país es un país de culturas, y España es un claro ejemplo de esto. ¿Cómo no vamos a impulsar políticas multilaterales, si el multilateralismo reside en nuestra propia esencia abierta, sociable y diversa?

Somos el sur de Europa y, a la vez, el norte de África. Hemos recibido la influencia de los fenicios, de los íberos, de los celtas, de los griegos y de los romanos. Muchas de nuestras ciudades históricas, las más reconocidas, fueron fundadas por romanos; otras, por celtas; otras, por árabes... Incluso Madrid, la única capital de Europa levantada por los árabes y cuyo nombre original (Mayrit) también es árabe.

Los países del Mediterráneo y, en particular, España, debemos asumir con naturalidad nuestra diversidad cultural, social y lingüística, tarea que pasa por aceptar inexorablemente los elementos árabes o musulmanes presentes en nuestras culturas, como hemos asumido los elementos judíos o cristianos. Nuestra identidad es plural y debemos obrar en consecuencia.

Respecto a mi percepción de lo que representa el Mediterráneo, en cuanto a las relaciones y la riqueza de los pueblos, guardo con especial afecto el recuerdo de la apertura de la exposición «Ibn Jaldún. El Mediterráneo en el siglo XIV: auge y declive de los imperios», en mayo de 2006. La inauguración contó con la significativa presencia de, entre otros, los entonces presidentes de la República de Egipto y de Argelia, Hosni Mubarak y Abdelaziz Buteflika, respectivamente; del secretario general de la Liga Árabe, Amr Musa, y de su alteza real, el príncipe Mulay Rachid de Marruecos.

En un momento dado, estaban allí los cuatro, admirando los Reales Alcázares de Sevilla, y Buteflika, con la mirada al aire, les dijo a Mubarak y al príncipe marroquí: «¡Y pensar que todo esto fue nuestro!».

Recuerdo aquella escena como uno de esos momentos que contribuyen a ampliar nuestra visión de la realidad y nos ayudan a comprender la esencia de nuestra cultura.

Buteflika no pronunció esa frase porque estuvieran y hubieran estado en Al-Ándalus, sino recalcando el esplendor de la cultura islámica que, durante mucho tiempo, fue superior a la occidental. Esa nostalgia denotaba el reconocimiento de que, en esta etapa de la Historia, el esplendor se encuentra en el lado de Occidente.

Momentos así te marcan como líder político. Para mí ha sido extraordinario tener acceso, desde la primera fila, a la verdadera biografía política de otros mandatarios, presenciando sus discursos, más allá de la hemeroteca y de cualquier otra historia de memorias o, incluso, de conversaciones ante los medios de comunicación. Resulta muy útil. En el texto de los discursos y en las distancias cortas se pueden ver los mimbres de un proyecto, los fundamentos de toda una visión política.

Durante este primer cuarto del siglo XXI, han sido varias las cumbres celebradas entre la Unión Europea y África para valorar los avances conseguidos en desarrollo y democracia. En el año 2007 se firmaron en Lisboa los primeros acuerdos políticos entre África y la UE, basados en una relación de igualdad, tanto en lo relativo a cuestiones bilaterales, como en las de ámbito mundial, que iban desde la lucha antiterrorista hasta las relaciones comerciales.

Convencidos de que la UE podría relanzar a largo plazo, con aquel nuevo impulso, a los países en desarrollo, sentamos las bases para alcanzar acuerdos de sostenibilidad en materias como la energía, el cambio climático, la economía ecológica, las migraciones y la movilidad entre continentes.

Tres años después, cuando en 2010 celebramos en Trípoli el tercer encuentro entre África y la Unión Europea, cuyo lema fue «Inversión, crecimiento económico y creación de empleo»; llegamos a coincidir hasta 80 delegaciones nacionales. Pudimos intercambiar impresiones y establecer nuevos acuerdos, sobre los que planeaban los Objetivos del Milenio y la puesta en marcha de la ayuda internacional para los países en vías de desarrollo.

No fue una cumbre fácil. A la situación de crisis económica que atravesábamos, y que impidió que se cumplieran todas las expectativas que se habían creado en la de Lisboa, en 2007, se añadió la circunstancia de que varios jefes de Gobierno de los principales países europeos declinaron participar en un primer momento, ante la posibilidad de que concurriera el entonces presidente de Sudán, Omar Hasán al Bachir, contra el que pesaban dos órdenes de arresto emitidas por la Corte Penal Internacional de La

Haya por presuntos crímenes de guerra y genocidio. Al Bachir finalmente no asistió a la cumbre.

En ese momento, el dictador libio Muamar el Gadafi acababa de presionar a Bruselas, demandando cinco mil millones de euros al año a cambio de contener la inmigración irregular procedente de África, bajo la amenaza de que, siendo Libia la puerta hacia Europa de la inmigración ilegal, si no se embolsaba la cantidad demandada, la Unión Europea acabaría transformándose en una «Europa negra».

El encuentro, sin embargo, fue un éxito.

La Comisión Europea contribuyó ya entonces con veinticuatro mil millones en financiación, con los que activar las economías locales africanas. Pese a las quejas por parte de algunos países africanos, referentes a la sospecha de que la Unión Europea vincularía la ayuda para el desarrollo a la apertura comercial, más de cinco mil empresas europeas y africanas debatieron hasta encontrar soluciones con las que atraer a inversores africanos y extranjeros al continente vecino.

Con motivo de la cumbre, tanto representantes de la sociedad civil como empresarios, personal funcionario e investigadores se reunieron para reafirmar su implicación activa y lograr compromisos que determinarían el futuro de nuestras relaciones de cooperación. Y los lograron. Esta es la herencia de aquellos primeros diálogos que pusieron en valor griegos, romanos y fenicios. Una herencia de valor incalculable.

«Porque somos musulmanes»

Cuando en 2004, tras los atentados de Madrid, lancé la idea de la Alianza de Civilizaciones en Naciones Unidas, pensé en un país que se pareciera a nosotros, pero que se encontrara al otro lado, para concebir el proyecto de una casa común donde cupieran todas las formas de entender la vida, todas las religiones que respetasen las demás religiones y todas las culturas que defendieran los derechos humanos; un proyecto que se fortaleció tras los dramáticos acontecimientos con que iniciamos el siglo xxi.

Turquía fue ese país, y nos concedió su patrocinio fundacional.

Para entender la evolución de las civilizaciones en nuestro planeta, es necesario, sin duda, aproximarse a Turquía y a su capital, Estambul. Pocas ciudades en el mundo igualan su historia y su belleza.

Se trataba de un país amigo, joven, dinámico y ambicioso; europeo y europeísta. Un nexo —como lo es España— entre civilizaciones, que se encontraba entonces buscando su posición en el mapa geopolítico. Un país con una gran división social interna entre laicos, modernistas y tradicionalistas muy interesante. Una nación con un gobierno solidario, que ha ido acogiendo a miles de refugiados de guerra huidos de la devastación de sus países. Una potencia media que me pareció el gran puente con que materializar el diálogo multilateral desde el compromiso por la paz.

Inmerso en esta relación, viví ese momento desdichado en que se impusieron los valores de retribución y de seguridad, un tiempo que coincidió con que Turquía estuviera a punto de entrar en la Unión Europea. La Historia habría cambiado de manera sustancial si, efectivamente, se hubiera dado este hecho. Si Turquía hubiera entrado en la Unión Europea, muy probablemente hoy no habría guerra en Ucrania. Si Turquía hubiera entrado en la Unión Europea, no estaríamos asistiendo como espectadores secundarios a la masacre de Gaza; porque si Turquía hubiera entrado en la Unión Europea, el concepto de Europa estaría sustentado bajo los poderosos mimbres que residen en su esencia fundacional y que, al parecer, hemos olvidado: la diversidad cultural como fortaleza y la autonomía política como argumento.

Asistí a varios consejos europeos a los que llegaba la famosa carpeta europea de integración, todo ese expediente que se utiliza en los procesos de ampliación de la Unión Europea, que abarca economía, democracia y libertades. Mientras que en el caso de la incorporación de los países del Este se llevó a cabo de manera exprés, sin que se respetaran todos los criterios de convergencia, en el de Turquía se ralentizó.

Turquía estaba ahí entonces. Como consecuencia del acercamiento a la Unión Europea, la parte conservadora del país, representada por Tayyip Erdoğan, asumió Europa como una gran promesa, como el gran objetivo de la nación. Habían dado pasos movilizadores, habían avanzado en su propia ideología.

Debiéramos haber incidido entonces en que el islam es una religión de paz, y en que no son las religiones las que matan, tampoco las ideologías. Matan los fanatismos, que surgen del odio al diferente y de la voluntad de imponer una sola visión del mundo, manifestando un egoísmo primario y, sobre todo, una profunda ignorancia.

Cuando en 2007 ya era evidente que Francia y Alemania se opondrían a la entrada de Turquía —tal vez porque su incorporación habría aportado a la Unión Europea ochenta millones de personas—, recuerdo una conversación con Erdoğan, con quien mantenía una estupenda relación, en la que incluso era abordable el tema de la legalización del matrimonio homosexual. Pude constatar entonces que su liderazgo se había flexibilizado y, gracias al diálogo, era posible ir ganando espacios hasta entonces impensables.

En aquella conversación Erdoğan se mostró desolado. Manifestó haberse dado cuenta de que, en cierto modo, les habíamos engañado. «Europa no nos quiere porque somos musulmanes», fue la frase que se me quedó grabada. Esta era —y es— la única verdad y el embrión en el que se gesta la gran contradicción de Europa con respecto a su política exterior.

La consecuencia fue muy grave entonces, y lo sigue

siendo ahora. Siempre defendí que la mayor operación histórica en favor de la paz que este primer cuarto del siglo XXI podría llevar a cabo era, en efecto, la integración de Turquía en la Unión Europea. Europa podría haberse convertido en la gran potencia conciliadora de Oriente y Occidente, con lo que eso habría supuesto en términos de extensión, apertura y penetración en Oriente Medio y el mundo islámico. Una limitación, sin duda, muy triste, desde mi punto de vista, que nos retrotrae cincuenta años en la Historia.

Los europeos hemos dado la espalda al gran afán utópico de que solo exista una primera ciudadanía, la europea —de alguna manera, también mi afán—, en un siglo XXI que se ha decantado por reforzar las fronteras, por la seguridad y por prevenir a toda costa la inmigración, que desata los peores demonios: todo lo que se ha plasmado en la llamada «autonomía estratégica» de los países miembros de la Unión, a la que me referí líneas atrás.

Sin embargo, como acabo de recordar, en el caso de la incorporación de los ocho países del Este, Europa fue ágil y rápida. No dudó en integrar a aquellas naciones de raíz occidental, algunas de las cuales convertidas más en cristianas que en occidentales. Gigantes como Polonia, por ejemplo. Recuerdo que mis conversaciones con los líderes polacos —todas respetuosas— parecían de otra época. Por ejemplo, y en contraposición a la postura aperturista que vislumbré en Erdoğan, los líderes polacos trataban el matrimonio homosexual como si fuera herejía. Muy pocos sistemas venían de democracias lo suficientemente consolidadas como para integrarlas en la Unión, pero con ellos desplegamos una generosidad y velocidad que nos faltó con Turquía, a la que colmamos de exigencias.

A Turquía le pedimos hacer todo tipo de acrobacias, y, tras ser rechazados, desgraciadamente hoy en día es impensable cualquier llamada, cualquier acercamiento que recupere el espíritu de entonces. Ese momento marca un antes y un después en el ser de Europa, en el entendimiento de una comunidad política internacional. Resulta muy llamativo que, aunque hablamos de civilizaciones, siempre terminamos en las religiones como el gran referente diferenciador. Esta es la línea ideológica que le interesa a la ultraderecha, que la sociedad no entienda la cultura como una oportunidad para la solución pacífica, invisibilizando nuestras diversidades.

Pero quiero subrayar que sigo siendo un firme defensor de la Unión Europea, lo mejor que le ha pasado a Europa en toda su Historia. Entre los grandes valores de España se encuentra nuestro compromiso europeísta, uno de los activos fundacionales de la democracia del 77 que ha perdurado. Somos uno de los países más leales históricamente a la Unión. De mi tiempo, destacaría eso. En nuestro país no sería posible un discurso como el que llevó al Brexit. Este debate no existe; es la vertiente más positiva y consensuada que tenemos en la actualidad, y resulta bastante tranquilizadora. Siempre que vivimos momentos de tensión interna, ideológica, política o territorial, mantengo cierta tranquilidad por la vigencia entre nosotros del compromiso europeísta y de todo lo que representa la arquitectura europea —que necesita seguir mejorando— en el rumbo ambicioso que espero llegue a alcanzar. En este periodo azaroso que atravesamos, sigue siendo una garantía para la convivencia, el desarrollo económico y la democracia de quienes formamos parte de ella.

Estertores de la Primavera Árabe

En el contexto de la gran crisis financiera de 2008 y 2009, me gusta recordar cuánto hubo de fortaleza en un momento de redefinición identitaria de los países árabes. La sociedad civil se movilizó contra el retroceso hacia autoritarismos centrados en la religión, generando nuevas esperanzas en un futuro democrático y progresista, asentado sobre el pluralismo y el Estado de derecho.

La Unión Europea manifestó abiertamente su respaldo a aquellas movilizaciones, cuyos objetivos fundamentales pasaban por el desarrollo de unas instituciones democráticas sólidas que podían contribuir a fortalecer, a medio y a largo plazo, las relaciones entre Europa y estos países.

La comunidad internacional y la Primavera Árabe cobraron un aliento muy positivo y democrático, promoviendo, con un alcance histórico, la justicia social y los derechos humanos en el marco cultural de cada una de sus naciones. Un consenso de fuerzas junto a una parte de la sociedad laica más potente se opuso al modelo regresivo imperante del país, llegando a derrocar regímenes autoritarios.

Desgraciadamente, estas reacciones han acabado cayendo también en una enorme contradicción entre las mismas fuerzas que contribuyeron al declive de aquellos regímenes.

Faltó consenso entre laicos y musulmanes, y al iniciarse una guerra en Libia, cuyas consecuencias han sido desastrosas, Occidente empezó a ver en el mundo árabe algo más que una mera transición democrática: temió la instauración del desorden y el caos. Fue entonces cuando volvimos al tono inmediatista, bajo supuestos pragmáticos y realistas, de considerar que cualquier tipo de orden establecido sería mejor que aquel caos imperante. Desde mi Gobierno, trabajamos entonces para fortalecer las relaciones con los países del norte de África, buscando soluciones multilaterales a problemas de seguridad y migración, resultado de aquella inestabilidad.

Guardo un recuerdo amargo y contradictorio en el caso de Libia.

Conocí a Gadafi durante la crisis financiera de 2008 y 2009. Nuestros servicios diplomáticos de entonces, con

Bernardino León liderando la tarea, buscaban países que nos pudieran ayudar financieramente, comprando deuda con la que bajar la famosa prima de riesgo y tranquilizar así a los mercados.

La relación con Libia era cordial. A Gadafi le gustaba España, y se planteó la posibilidad de intercambiar dinero por petróleo. Viajé a Libia para gestionar el proceso no mucho antes de que estallara allí la guerra civil. Recuerdo que, llegados a Trípoli, no sabíamos dónde nos recibiría. Era todo un misterio, y cada movimiento para acercarnos al punto de encuentro estaba rodeado de un secretismo de tintes novelescos. Al final nos reunimos en una jaima de las que disponía su Gobierno a las afueras de la capital. Me encontré con un Gadafi muy mayor, por lo que la interlocución fue complicada y poco fluida. Pero el motivo de mi presencia allí estaba muy claro.

Le pedimos que nos ayudara, y nos ayudó. Compró varios cientos de millones de deuda española en euros.

Cuando estalló la crisis de Libia que acabó con Gadafi, asistí a la cumbre de países europeos y del Golfo, reunida en el Elíseo, en la que se decidió intervenir militarmente, con el amparo de Naciones Unidas.

Aquella iba a ser la primera acción militar en la historia de la OTAN con el objetivo expreso de proteger a la población civil. Sarkozy, entonces presidente de la República Francesa, actuaba como comandante en jefe, anunciando que los aviones Mirage ya estaban volando a Trípoli para bombardearla.

Aunque conseguí que ningún avión español interviniera activamente en los bombardeos —los que enviamos no llevaban carga—, conservo el sentimiento incómodo de haber participado en esa reunión en París.

Aquella tarde sentí una de las contradicciones que más me afectaron durante mi mandato, al contemplar la absoluta frialdad con la que, al tiempo que se afirmaba que íbamos a terminar con Gadafi, se ponía el reparto de Libia encima de la mesa.

Las relaciones entre los países de la OTAN se vieron marcadas, sin duda, por aquella guerra «civil», cuyo impacto sobre Occidente desembocó en un aumento de los problemas de seguridad y de migración en el Mediterráneo.

España mantuvo siempre su apoyo a todos los esfuerzos por la paz y la reconciliación. Nuestro objetivo, al forzar la caída del régimen de Gadafi, fue poder reconstruir Libia desde la libertad, la independencia y el respeto de su soberanía e integridad territorial, con el liderazgo de Naciones Unidas, la colaboración de las organizaciones regionales y el apoyo permanente de la OTAN; consolidar nuevas instituciones, garantizar la pluralidad religiosa, reconciliar a la población... Recuperar un país que contribuyera a la estabilidad del Magreb y a todos los cambios que se estaban produciendo al sur del Mediterráneo exigiendo democracia. Gadafi había perdido la legitimidad política atacando a su pueblo, y la ONU respaldaba una intervención enfocada en un fin humanitario: proteger a su población.

El resultado no fue ni de lejos el esperado porque la solución bélica funciona en situaciones muy excepcionales.

El Consejo Europeo decidió convocar una cumbre con la Liga Árabe y la Unión Africana para valorar medidas conjuntas con las que dar solución no solo al problema de Gadafi, sino al de los demás países de la zona. Manifestó su apoyo expreso a los procesos de democratización que se habían iniciado en Túnez y en Egipto. Tuve entonces el convencimiento de que en Túnez sí sería posible la transición democrática y de que para ello era imprescindible el apoyo de toda la Unión Europea, asumiendo compromisos concretos de reformas democráticas que se irían implementando, de manera escalonada, a lo largo de todo un año.

LA VISIÓN EUROMEDITERRÁNEA

Al igual que ocurrió con Libia, a mediados de la década de los 2000, nuestro país se enfrentó a un aumento de la migración irregular desde Mauritania hacia las islas Canarias. También entonces trabajamos de manera bilateral con las autoridades mauritanas para fortalecer el control fronterizo.

Desde España impulsamos el diálogo diplomático para mejorar, asimismo, la coordinación con Mauritania en materia de seguridad y luchar contra el terrorismo yihadista, una amenaza creciente, entonces, en la región del Sahel.

De los quince países cuyas sociedades se levantaron entre 2010 y 2012, el único que sobrevivió a su particular revolución, con sus fortalezas y sus debilidades, fue Marruecos, cuya primavera árabe —digamos, moderada— se incorporó en buena medida a la propia evolución de su sistema. Mohamed VI anunció que establecería una comisión consultiva con el fin de modificar la Constitución, y que dicha modificación se sometería a la votación del pueblo marroquí. Consiguió con ello calmar los ánimos de la sociedad civil. En la mayoría de los otros casos, desgraciadamente, el final fue dramático.

Insisto en que si Turquía hubiera sido miembro de la Unión Europea, el escenario sería otro, el desenlace de las primaveras árabes habría sido muy distinto. Incluso en Siria, donde han muerto un millón de personas, la situación habría sido diferente.

Vivo con una enorme preocupación los gravísimos sucesos que afligen a nuestro querido Mediterráneo: demasiados conflictos, demasiada desigualdad, demasiada pobreza y proyectos truncados, mientras la tendencia a disminuir el diálogo se va imponiendo. Sin embargo, es importante tener en cuenta los pequeños avances que se han logrado como acicate para seguir trabajando en una cooperación que muchos se empeñan en desdeñar o ningunear. Este cinismo se combate con información y datos.

La Unión por el Mediterráneo se creó en 2008 para la defensa de la paz y del desarrollo sostenible en la región y aglutina a más de cuarenta países entre la UE y la cuenca mediterránea. A treinta años del proceso de Barcelona y casi dos décadas de la fundación de la UpM, cuyo objetivo es favorecer el diálogo y la colaboración, debemos enorgullecernos de haber logrado la ejecución de una visión euromediterránea desde la que educar a las generaciones futuras. Miles de jóvenes se han podido beneficiar de oportunidades laborales y de formación, y se ha apoyado el desarrollo de miles de pequeñas y medianas empresas.

Las graves consecuencias de la pandemia pusieron de manifiesto la necesidad de rectificar nuestra relación entre una determinada concepción del progreso económico y nuestro ecosistema.

Las primeras reacciones a la pandemia a nivel internacional fueron unilaterales: países cerrando fronteras y pugnando por conseguir material sanitario. Sin embargo, iniciativas europeas como la conferencia de financiación de 2020 y los distintos planes de recuperación impulsados por la Unión pusieron de manifiesto lo que la poderosa voz de la sociedad civil demandaba: la unión de países y grandes empresas, la puesta en común de recursos, el acceso a vacunas y tratamientos para todos, el alto el fuego en conflictos indiscriminados. La respuesta a un problema global debía ser global.

La UE y la Unión por el Mediterráneo deben fraguar con claridad una visión común, de largo alcance, con la que asegurar la estabilidad y la prosperidad de nuestros países, de cara a mantener los intercambios comerciales e impulsar esta nueva era digital más sana y más democrática. En esta tarea, España tiene una posición poderosa para hacer entender a Europa que el Mediterráneo es una prioridad, y no solo porque forma parte de nuestra cultura, sino porque es una pieza clave en la geopolítica actual.

UN EJEMPLO DE RELACIÓN BILATERAL: ESPAÑA Y MARRUECOS

Al escribir sobre el papel decisivo del Mediterráneo en la geopolítica mundial, dentro de una encrucijada Norte-Sur, en defensa de la democracia y la integración de culturas, me viene a la mente la dimensión multilateral en la relación de España y Marruecos. Para entender esta relación, lo primero que debemos hacer es alejarnos de cualquier postura eurocentrista y aproximarnos a la hermandad cultural que existe desde hace siglos entre ambos países, y que llega hasta nuestros días.

Somos dos países a 14,4 kilómetros de distancia, una diferencia insignificante; dos países vecinos, con una historia vinculada, que incluso han vivido momentos de enfrentamientos bélicos. Llegados al siglo xxi, debemos dar ejemplo con nuestra relación, pues con este modelo de entendimiento se contribuye mucho más allá de los intereses meramente bilaterales. Los españoles estamos tan acostumbrados a esta buena relación que presuponemos que es la habitual entre países vecinos, cuando la geopolítica nos muestra en la actualidad numerosos ejemplos de lo contrario. Detrás de este buen entendimiento hay un trabajo arduo de relaciones diplomáticas y multilaterales que, al menos durante mi Gobierno, tuve especial cuidado en atender.

A España le interesa la seguridad, y a Marruecos, el progreso. No en vano es el país de todo el mundo árabe con mayor pluralismo y, probablemente, donde conviven todavía más luchas y avances; donde se encuentran mejor asentadas la evolución en el desarrollo y la defensa de los derechos humanos, aunque, en ocasiones, algunos procesos de afirmación de identidad se hayan percibido como antieuropeos. Y es que los seres humanos somos seres en búsqueda permanente de nuestras identidades, intentando encontrar una ideología política acorde con la historia de nuestros países.

En Marruecos las reformas participativas se están afianzando. Vive avances en el ámbito de las libertades públicas, y la Unión Europea se lo ha reconocido. Han iniciado el diálogo hacia la laicidad, hacia la igualdad entre sexos y la abolición de la pena de muerte. De facto, ya se le considera un país abolicionista, puesto que no ha materializado ninguna pena capital desde 1993.

El hecho de que al rey de Marruecos lo educaran para

que hablara español, como, por cierto, están educando al heredero, es indicativo del tipo de relación que desean tener con nuestro país. Mohamed VI me habló en mi idioma desde el día en que lo conocí. Su español es bueno, y es un gran conocedor de nuestra cultura.

El pueblo marroquí respeta a España, aprecia nuestra cultura y nuestro proyecto de país, nuestro europeísmo.

Don Juan Carlos me confesó que no quería terminar su reinado sin haber visitado las ciudades autónomas de Ceuta y Melilla. Y ese deseo se cumplió. Es bien conocida la sólida relación de amistad entre el Emérito y Mohamed VI, que, sin duda, el rey Felipe VI sabrá preservar.

Si sobrevolamos Melilla y el Estrecho —y todo español debería vivir esa experiencia—, entenderemos cuán importante debe ser la relación entre dos países con tal ubicación geográfica, ya no solo en temas de seguridad o alta política, sino en aquellos más constitutivos que apelan a la interrelación sociocultural.

Con Marruecos existe una afinidad real. Muchos españoles así la sienten. Una aproximación objetiva a la Historia debería servir para desmentir los tópicos identitarios, laicistas y de incompatibilidades culturales. Es posible lograr una integración adecuada, más aún cuando hablamos de un país que quiere tanto a España.

La importancia de nuestras relaciones, por descontado, no se reduce al ámbito de las influencias y concomitancias culturales, pero estoy convencido de que, sin estos elementos de unión, lo demás sería mucho más complicado. La dimensión económica de nuestros intercambios comerciales en el sector de las telecomunicaciones, la prospección petrolífera, la promoción inmobiliaria, la banca y la industria textil y el incremento del turismo no han hecho más que aumentar en los últimos años.

En este contexto es posible también compatibilizar nuestra buena relación con Marruecos con el tema del Sáhara Occidental y el compromiso adquirido respecto a las resoluciones de la ONU.

Asumiendo que la posición de España es delicada, creo sin duda que nuestro país debe apoyar la solución de autogobierno político para el Sáhara y trabajar para un acuerdo de las partes; en primer lugar, por coherencia, y en segundo lugar, por inteligencia. Somos un modelo de experiencia de la capacidad de convivir de culturas y naciones diferentes. Resulta muy negativo que en el Magreb, que podría ser una gran área de desarrollo económico para todo el norte de África, exista esa división entre Marruecos y Argelia, cuya relación continúa bloqueada por este conflicto.

Hay un proyecto de autonomía que puede ser un camino útil, en el que ha profundizado el Movimiento Saharaui por la Paz, que se parece mucho al Plan Baker II —el Plan de Paz para la Autodeterminación del Pueblo del Sáhara Occidental—, de 2003, la resolución con la que Naciones Unidas intentó resolver definitivamente el proceso de descolonización de la región.

A veces la Historia se retrasa. Es así. Pero este es el destino y, en algún momento, llegará la solución en forma de un gran autogobierno político para el Sáhara y los saharauis, que merecen el bienestar y la afirmación definitiva de su identidad.

Durante los ocho años de mi Gobierno, recuerdo haber hablado con saharauis en Madrid. Todavía tenían muy presentes los bombardeos, y había cierto rencor que se traducía en rechazo a la posibilidad de que se votara su autonomía. Para el Frente Polisario, aceptar la propuesta de que se celebrara una votación sobre su autonomía significaba ceder frente a Marruecos, y no estaban dispuestos.

Coincidiendo con esa etapa y después de algunas consultas, Marruecos lanzó por primera vez un proyecto de autonomía parecido en algunos aspectos, por cierto, al Estatuto de Autonomía de Cataluña, aunque mucho más genérico. Antes de hacerlo público, consultaron al Gobierno de España. Recuerdo muy bien el momento en que el ministro de Exteriores, Miguel Ángel Moratinos, me puso el proyecto encima de la mesa para que opináramos y empezáramos a trabajar. Sirva esta anécdota para ilustrar sobre el alto nivel de confianza que recibimos entonces por parte de Marruecos y el compromiso que siempre mantuvimos en favor de la resolución del conflicto.

Las posibilidades de autonomía y autogobierno del Sáhara son muy grandes. Debemos alcanzar, de manera definitiva, un estatus de no confrontación, no belicista. Es incuestionable que el hecho de tener a tantas familias en esos campamentos, en tales condiciones, es una asignatura pendiente, suspendida hasta ahora, de la comunidad internacional. Y no estamos demandando diálogo y soluciones a potencias tan alejadas como, por ejemplo, China. Estamos hablando de tener como interlocutores a Marruecos y Argelia, países con los que se puede avanzar realmente en dirección a esa autonomía del Sáhara.

Argelia, que es actor clave, me ha parecido siempre un país al que la comunidad internacional debería prestar más atención. Su papel en la zona del Magreb y del Mediterráneo en general es decisivo y, sin embargo, quizá debido a su historia tan reciente de descolonización y a su difícil relación con Francia, el diálogo no siempre es fluido.

En cualquier caso, como hemos visto con temas que nos afectan de manera muy directa, como el de la energía, incluso en los momentos más difíciles, Argelia ha tenido un comportamiento adecuado. Los temas energéticos no han quedado por encima de las relaciones internacionales, y es impensable una situación de confrontación sostenida con este o con cualquier otro país del Magreb. La buena relación de España con Argelia y, en particular, los acuerdos y contratos promovidos durante mi Gobierno para asegurar el suministro de gas natural, a través de gasoductos como el de Medgaz, han repercutido en la seguridad energética de nuestro país y en la situación geopolítica actual de esta zona. Gracias a estos esfuerzos, España cuenta en la actualidad con una situación ventajosa con respecto a otros países de la Unión que se han visto afectados por la guerra de Ucrania.

España y Argelia comparten, además, intereses en la lucha contra el terrorismo y el extremismo que han hecho inevitable la cooperación, debido especialmente a la presencia de grupos terroristas en el norte de África y el Sahel. Podemos afirmar, por ello, que estamos condenados a entendernos.

En cualquier caso, durante mi Gobierno, y al contrario de lo que había ocurrido con el Ejecutivo anterior, traté de impulsar unas relaciones equilibradas con nuestros dos países vecinos. Es cierto que nuestra relación histórica con Marruecos es distinta de la que hemos mantenido con Argelia. La diferencia es notable. En el caso de Marruecos se ha profundizado en el manejo de nuestros vínculos culturales históricos y en la colaboración en lo que respecta, sobre todo, a la lucha contra las mafias de la inmigración ilegal y el narcotráfico, mientras que, en el de Argelia, es evidente que ha primado la lucha contra el terrorismo y contra el terrorismo radical islamista en particular.

Es capital conseguir la estabilidad de la región del Magreb, abordando los desafíos estratégicos que sean necesarios para garantizar, desde unas relaciones de vecindad sólidas y estables, la seguridad fronteriza y el aplacamiento del terrorismo. Desde la Unión Europea debemos ser capaces de coordinar de manera conjunta y con principios humanitarios el uso efectivo de nuestros medios y capacidades, perseverando en la consecución de un orden internacional más justo, siempre acompañado de ideas de paz, respeto y tolerancia.

3

Más allá del muro: hacia el reequilibrio geopolítico y económico del mundo

> Ningún país puede sustraerse a una crisis mundial con una barrera porque, como en la tragedia de Fausto, aunque se cierren las puertas, la angustia entra por el ojo de la cerradura.
>
> STEFAN ZWEIG

La caída del muro de Berlín propició que un grupo de países, incluida la propia Rusia, ocupara una posición aparentemente errante dentro de la comunidad internacional. Estos países, cuyo deseo fue desde el primer momento mantener buenas relaciones con el Oeste y, a la vez, con Rusia, fueron acogidos en su mayoría por el resto de Europa. Sin embargo, bajo este ideal de convivencia existía un espeso magma de confrontación, inoculado en los años más duros de la Guerra Fría, que permaneció latente durante casi dos décadas, a la espera de quien quisiera aprovecharlo para sembrar de nuevo la discordia, gran enemiga de la inteligencia política y fiel guardiana de intereses cortoplacistas.

Durante la cumbre de la OTAN de 2008 en Bucarest, Estados Unidos, muy debilitado por la guerra de Irak, puso a Europa en un trance. Para desviar la atención tras el fiasco iraquí, se dispuso a apoyar la entrada de Ucrania en la Alianza Atlántica. Los países del Este se posicionaron abiertamente contra Rusia entonces. Recuerdo haber sido testigo de cómo Angela Merkel hacía de apaciguadora con los hermanos Kaczyński de Polonia cada vez que la Unión Europea conseguía llegar a algún acuerdo con Rusia. Pero, pese a aquella tensión que existía con los países del Este, Alemania no vio inconvenientes en seguir alimentando su relación con los rusos.

Los occidentales nos resistimos a comprender que las lógicas de países como Rusia son muy distintas de las nuestras. Lo que ellos entienden es que Occidente les ha estado humillando desde que cayó el muro de Berlín y que, salvo en algún momento puntual, su pretensión es impedir que tengan cualquier tipo de influencia en la esfera internacional, fomentar su aislamiento y mantenerlos arrinconados en los confines de la Historia. Rusia se resiste a asumir ese tipo de relato porque se considera una gran potencia, aún un imperio. Y es básico tener en cuenta esta realidad a la hora de negociar. Los rusos argumentan con firmeza que son ellos quienes salvaron del fascismo o el nazismo a miles de niños europeos o a casi veinticinco millones de polacos, algo que el Occidente de Europa nunca les ha reconocido.

Todas las ocasiones en las que he asistido a la conmemoración del día en que terminó la Segunda Guerra Mundial, he percibido nuestra tendencia a entender la realidad únicamente desde nuestro prisma, solo a partir de nuestros valores, de nuestros códigos y de nuestra visión de la Historia, la única que a menudo reflejan los medios de comunicación. Para hacer posible el avance, debemos superar los prejuicios que existen con respecto a grandes potencias en situación de desestabilizar la paz. Debemos tratar de entender su manera de estructurar el mundo y, desde ahí, negociar hacia nuestra idea de democracia. A la inversa siempre ha sido, es y será imposible.

Sin embargo, ningún líder político europeo puede aparecer hoy en una foto con Putin. Si incluso Stalin y Eisenhower fueron capaces de reunirse para negociar, ¿qué ha ocurrido con los cauces para el diálogo? Seguramente la respuesta se encuentre en el matiz bélico que impregna el clima de Europa. La misma Europa ha permitido que así sea, sin pararse a reflexionar ni a medir los riesgos. Según parece, habrá que esperar a que se complete el desastre en Ucrania para hacer una mínima autocrítica.

En junio de 2022, vivimos a este respecto un momento clave durante la cumbre de la OTAN que se celebró en Madrid, un momento en el que la Alianza hacía gala de una posición completamente contraria a Rusia y a favor de Ucrania. Y eso fue todo, no se empleó un solo minuto en revisar críticamente los veinte años transcurridos desde el inicio del siglo, con hitos desastrosos como, por ejemplo, la invasión de Afganistán por Estados Unidos, en la que acabó siendo la misión clave de la Alianza Atlántica y el mayor fiasco de su historia.

Recuerdo perfectamente aquellas imágenes sonrojantes del abandono de las tropas y de aquella pobre gente huyendo de Afganistán en el verano de 2021. Aquello ocurrió de verdad, y, al parecer, no hemos sido capaces de sacar ni un mínimo aprendizaje de tan trágicos hechos. Pueden parecer dos casos lejanos, pero el desgaste de la guerra siempre tiene consecuencias similares, y mi mayor temor es que todo ese apoyo a Ucrania, con el tiempo, se convierta en olvido y abandono.

No es necesario ser un experto militar ni un historiador para darse cuenta de que Rusia no va a perder esta guerra. Se trata de que no la gane y, al mismo tiempo, de que no la pierda Ucrania y de evitar muchas más pérdidas humanas. Tengo el convencimiento de que existe un camino, una manera de resolver este conflicto, en cuya conclusión podamos afirmar, sin caer en demagogias, que ni Rusia ni Ucrania han perdido la guerra. Para ello hay que lograr que los dos grandes contendientes permitan cesiones, justo lo contrario de lo que se ha hecho hasta ahora. Con la ayuda de los mediadores adecuados, Rusia y Ucrania deben actuar por sus propios intereses, ajenos a la extrañeza de Occidente, que, no debemos olvidar, ya entregó a Rusia media Europa al terminar la Segunda Guerra Mundial. Aquellas sí fueron cesiones.

Pero el recelo hacia Rusia de los países del Este no puede conducirnos a perder el sentido de las relaciones internacionales. El riesgo de una guerra total no podrá paliarse imponiendo unos principios unilaterales, aunque se trate de los nuestros. Solo queda la opción de negociar, pues resulta inaceptable que la disputa entre unos pocos no solo esté costando cientos de miles de vidas, sino que incube un peligro añadido y nunca descartable: el del conflicto que desemboque en una conflagración mundial. Y esto ¿para qué?, ¿qué nos queda de las dos grandes guerras que asolaron Occidente en el siglo xx? Solo una cantidad desmedida de material gráfico, películas y documentales con los que se nos sigue helando el alma... Una historia que atestigua cómo en la Primera Guerra Mundial murieron tres millones de soldados disputándose una frontera que nunca llegó a moverse.

El relato de las guerras que han marcado nuestra historia ha servido para fundamentar la idea de los Estados de Europa, pero no debemos olvidar que esto fue la consecuencia de un dolor incurable y de unas heridas que hoy en día resultan tan invisibles como indelebles.

El primer actor de esta lógica bélica en la que nos hemos visto inmersos durante los últimos años es Estados Unidos, por este motivo es el país con mayor influencia para lograr una solución pacífica. Para ello, en primer lugar, debe asumir las condiciones de progreso propias de la era global que atravesamos, y mostrar una visión e identidad acordes con ella. En segundo lugar, y en concreto, debe tener la vocación real de conducir a terreno seguro esa negociación de paz entre Rusia y Ucrania.

La paz global exige que Estados Unidos se comprometa a asumir un verdadero liderazgo; que crea en las posibilidades ciertas de los procesos de diálogo y piense en un futuro que no puede ser ya sino compartido. Sabemos que no va a resultar fácil porque la solución bélica siempre arrastra intereses económicos y geopolíticos de los que la política mediocre es con demasiada frecuencia incapaz de escapar.

No albergo dudas de que muchos líderes de la comunidad internacional participan de esta reflexión, incluidos los de los países del Este de Europa. No es racionalmente aceptable pensar que el objetivo de Rusia sea volver a invadir los países que formaron la antigua Unión Soviética. Esta añagaza se ha difundido en un intento de que los ciudadanos de estos países y sus líderes puedan sentirse más amenazados por Rusia y más protegidos por sus Gobiernos, con esa visión populista de identificar a un enemigo externo, lo que lleva a espacios de pensamiento completamente estériles, sea cual sea el ángulo desde el que se mire.

La actitud más beligerante sobre la respuesta de Ucrania a la invasión rusa, manifestada por quien fuera nuestro Alto Representante de la Unión Europea para Asuntos Exteriores y Política de Seguridad, Josep Borrell, si la comparamos con la mostrada por algunos de los Gobiernos de la Unión en relación con la guerra de Israel contra Palestina, responde a las limitaciones impuestas por una Alemania a todas luces conmocionada por la situación. Suscribo sin paliativos la denuncia europea frente a la inequívoca ruptura del orden internacional que ha perpetrado Rusia en Ucrania. A partir de aquí, sostengo también que la guerra es el mal mayor, no solo por el coste en vidas humanas, sino también por las consecuencias geopolíticas que se avecinan. La Unión Europea debe movilizarse para lograr una salida política de paz, cuando la negociación ha sido, en el momento de escribir estas líneas, casi inexistente. Algún día el presidente Sánchez podrá explicar los entresijos de esta dinámica. Confío en que entonces resulte tan coherente como ha demostrado ser con la guerra de Gaza y el reconocimiento del Estado palestino.

Ojalá no tengamos que esperar situaciones catastróficas para que el afán por la paz renazca. Ojalá. Aunque la Historia nos ha demostrado en demasiadas ocasiones su tozudez al respecto.

¿Adónde vas, Europa?

El pensamiento fundacional europeo atesora inequívocamente dos grandes valores, la paz y la democracia. En la medida en que su proceso de consolidación y expansión se afianzó tras la caída del muro de Berlín, esos dos grandes valores fueron dándose por hechos, afirmándose pero, a la vez, perdiendo poco a poco la fortaleza de su impronta.

En lo que respecta a la democracia, el momento histórico que atravesamos está resultando difuso y confuso. Difuso, porque ya es posible observar una disolución de los conceptos, y confuso, porque está en crisis la percepción de las democracias occidentales como garantes de seguridad para el pueblo, frente a los demás modelos políticos. Hay mucha incertidumbre porque el propio concepto de democracia se está viendo cuestionado.

Existe una relación directa entre el crecimiento de los extremismos de derechas y el incremento de la belicosidad internacional o, si se prefiere, entre el resurgimiento de los nacionalismos o los proteccionismos y la conflictividad bélica. Es una constante histórica: ocurrió durante la Primera Guerra Mundial y también en la Segunda.

Ahora asistimos ya al cultivo de un cierto sentimiento antieuropeo que se solapa con el síntoma sociológico más característico de nuestro tiempo, el auge de una sociedadególatra, una especie de desiderátum individualista legado por la conmoción provocada por la crisis del COVID-19.

La pandemia hizo que proliferaran respuestas individualistas, cuando estas deberían haber sido cooperativas en lo económico, en lo social y en nuestra visión general del mundo, como en efecto lo fueron en el ámbito tecnológico y en el científico. La salida natural debería haber sido el incremento de la cooperación y, sin embargo, curiosamente, aunque no es la primera vez que ocurre algo semejante, parece que el fin de la pandemia y de la crisis económica que trajo con ella ha abierto la puerta al regreso del nacionalismo y del proteccionismo, porque toda una cadena ideológica ha venido respaldando y difundiendo los discursos populistas.

En realidad, estamos viviendo un problema de fondo, el del inevitable desequilibrio global de la riqueza, que hará a Occidente menos rico. La base del problema es nuestra pérdida de poder económico, a la que se añade la contradicción de que nuestro bienestar depende de algo que jamás habríamos imaginado: la inmigración. Así es, la riqueza de los países occidentales depende de los inmigrantes, algo que nadie reconoce porque no vivimos en sociedades homogéneas ni abiertas a la diversidad.

Las opciones europeas de extrema derecha, encabezadas por Meloni o Le Pen, podrán resistirse a esta realidad, incluso llegando a engendrar momentos dramáticos, pero la realidad no se va a detener por ellas. En un par de décadas asistiremos a la explosión demográfica del continente africano, que buscará un horizonte, y nuestra sociedad entonces vivirá la crisis definitiva de todo el modelo europeo. Occidente deberá asumir que la isla en la que pretende permanecer es incompatible con una mínima estabilidad. No podemos continuar siendo los únicos que viven bien. Este es el fondo de la cuestión.

Hace cinco años nos enfrentamos a una crisis pandémica que supuso una sorpresa. Se rompieron las cadenas de valor, Occidente tuvo que comprar mascarillas a China, nuestra industria se vio incapaz de producir todo lo que necesitábamos. Y volvimos al proteccionismo; no podíamos dejar que la gran potencia china acaparara la política tecnológica industrial. Las circunstancias generaron entonces una cadena ideológica de respuestas individuales y políticas a la crisis de la pandemia, muy significativa e interesante a nivel intelectual. Algunos pensaron que se trataba de una especie de salida, de un reflejo sin fundamento o consistencia, ni recorrido.

En un mundo global, el bienestar de cada país y de cada región va a depender de qué manera consigan relacionarse con el resto del mundo, y si alguien cae en la tentación de pensar que encerrándonos, protegiéndonos o aislándonos vamos a continuar recibiendo las albricias del progreso, está equivocado, como la Historia se empeña en demostrar de manera tozuda. Tal retroceso tendrá como consecuencia la pérdida de oportunidades, la quiebra de lo que supone el avance civilizatorio, que consiste en evitar que naciones, banderas o identidades nos obliguen a encerrarnos y a ver rivales por todas partes.

Apostar por el proteccionismo es una misión equivocada y sin recorrido, pero quizá, una vez más, tengamos que vivir la experiencia y aprender de la equivocación, como le ocurrió a la Unión Europea durante la crisis de 2008 y, asumidos los errores, se apresuró a cambiar ante la crisis del coronavirus.

Quizá el momento tarde en llegar una década completa. Más allá de las guerras, tendrá lugar el hecho político más relevante que esperamos, la sustanciación de la disputa global y de la crisis interna de Estados Unidos, algo que seguramente no empezará a perfilarse hasta dentro de cinco años, tras las elecciones presidenciales de 2028. Pero lo que a estas alturas debemos tener muy claro es que el nuevo mandato de Donald Trump será el que dediquemos, inevitablemente, a promover la unidad internacional. Valga como indicio el hecho de que Putin haya evitado hasta la fecha cualquier gesto de negociación en favor de un alto el fuego en la guerra contra Ucrania; sin duda estaba esperando a que Trump ganara las elecciones, lo que significa —o eso espera aquel—, que ante Rusia se abra un enorme escenario de oportunidad.

La nueva dialéctica deberá basarse en reafirmar la necesidad de primar la cooperación, evitando el camino de la rivalidad, aun sin negar la necesaria competencia. Ese es el mundo que necesitamos, para lo que debemos mantener la esperanza de una nueva mirada desde Estados Unidos hacia el resto de los países y las culturas. Considero que su perspectiva en la actualidad está siendo torpe y de corto alcance; que perjudica a Europa por cuanto nos lleva a considerar que tenemos la misión, la obligación incluso, de rivalizar con la mitad de los países del mundo, un craso error a todas luces. Si, por el contrario, marcáramos una línea de cooperación global, el funcionamiento de nuestras economías probablemente mejoraría, se cumplirían muchas de nuestras expectativas e incluso resultaría beneficiosa para la gestión de la inmigración. La carta del multilateralismo y la cooperación siempre ofrece más opciones. Sin embargo, tristemente, Occidente está optando por el proteccionismo. Se sabe por experiencia que, con él, pierde todo el mundo (aunque unos más que otros, en realidad), y que las guerras comerciales tienen consecuencias tan lacerantes como las armadas. ¿Cómo no advertir y denunciar el impacto que van a causar las políticas proteccionistas en nuestras economías que acabarán, sin duda, debilitándose?

Si, como democracias, transmitimos a la ciudadanía que todo lo que existe fuera de Europa nos da miedo, si lo consideramos agresivo y hostil, e insistimos en que debemos defender solo nuestros modelos porque no van a ser respetados, estamos alimentando sociedades basadas en la desconfianza, las mismas que abren las puertas a las opciones políticas extremas, a los Trump, los populismos y la degradación democrática. No al riesgo de desaparición, porque la democracia es muy resistente, pero sí a su degeneración, algo más peligroso porque resulta más difícil de identificar.

Cuando los caminos son amargos, interiorizarlos resulta siempre complicado y doloroso. También ocurre en política. En esta ocasión, la excusa norteamericana es China. Buena parte de Estados Unidos achaca la decadencia de su industria a la competitividad china y las supuestas prebendas de la Organización Mundial del Comercio. Se lamentan de que los trabajadores industriales blancos hayan perdido capacidad, lo que es como denunciar que la energía nuclear es responsable de que se hayan cerrado las minas de carbón en Francia. Del mismo modo que ha habido que renunciar al carbón como energía por su alto poder contaminante, parte de Estados Unidos tiene que asumir en la actualidad su falta de competitividad frente a la industria china. Ciertas regiones de algunos estados pudieron desarrollarse gracias a la falta de competencia internacional en la industria del aluminio y el acero. Algunos de los coches más vendidos del mundo solo se fabricaban allí, de hecho. Pero en este momento resulta difícil y costoso acometer la necesaria reindustrialización. El discurso de Trump, con su famoso eslogan «America first», no ha aportado absolutamente nada al respecto, salvo votos de una parte de la ciudadanía norteamericana, nostálgica y debilitada.

El discurso de la derecha, estadounidense o europea, apela a la debilidad de la izquierda. Ataca la inmigración, ya se dé en Marsella, en Texas o en Almería, y señala, difundiendo un discurso falso, que la izquierda perjudica con sus políticas al trabajador de a pie al permitir, entre otras bondades, que los inmigrantes se lleven el grueso de las ayudas públicas. Resulta curioso que cuando las derechas se encuentran con la dificultad de contener la inmigración ilegal, el problema pasa a ser —según ellos— estructural, endémico. Lo que ocurre, en realidad, es que carecen de un discurso contundente contra la izquierda. El discurso progresista apela a los derechos de las mujeres, a la igualdad de género, a la defensa de la ciencia frente a los antivacunas y a la exigencia de un salario mínimo interprofesional digno, frente a la actitud neoliberal que rechaza cualquier tipo de SMI.

La necesidad de una sanidad pública ha impactado en el electorado estadounidense, pero con respecto a la política exterior ha faltado una verdadera dialéctica. Los demócratas estadounidenses llevan en su programa muchas alternativas claramente progresistas en política doméstica; sin embargo, esa lógica no se traslada a su política exterior y, así, hemos podido ver cómo el gabinete de Biden incurría en no pocas contradicciones.

Y si revisamos la campaña para las últimas elecciones europeas, podemos encontrar una mayoría de mensajes defensivos y la ausencia clara de una senda de futuro para los europeos. Europa se aferra inútilmente a un pasado que ya no existe o copia mensajes trumpistas del tipo «Europa, grande otra vez», del primer ministro de Hungría, Viktor Orban, cuya repercusión ya es bien conocida. Sirve también como ejemplo el propio Brexit, preconizado por una parte de la política británica que culpa a la inmigración, cuando el núcleo de sus problemas procede de decisiones políticas.

Echo de menos en Europa un discurso político que no sea defensivo. Por suerte, nos queda la certeza de que la democracia es cíclica y, en este contexto de emergencia de la extrema derecha, no albergo dudas de que la izquierda retomará su posición política, ideológica, tanto en Europa como en Estados Unidos.

Atisbamos, por encima del pesimismo, que en Italia, según las encuestas, el Partido Democrático Italiano se recupera con una mujer al frente y con un discurso político a la izquierda y completamente abierto. Se trata de un dato clave que requiere análisis. La izquierda tiene potencia y capacidad suficientes para su recuperación. Esto ya es un hecho en los países nórdicos. Su ascenso discurre en paralelo al resquebrajamiento de la extrema derecha. En Francia, los resultados de las últimas elecciones legislativas han sido bien significativos. No olvidemos que, después de la guerra de Irak, la derecha francesa fraguó a conciencia cierta ambigüedad respecto a Europa, tras rechazar la Constitución europea en 2005. Ese coqueteo de la derecha francesa con posiciones incompatibles con la Unión Europea se encuentra presente de algún modo en el proyecto de extrema derecha que ha emergido en Europa.

Las grandes ciudades europeas son progresistas; ocurre lo mismo en muchas otras partes del mundo. Ahí están Londres o Berlín, o Washington, donde se suele votar demócrata en, aproximadamente, un 90 %. O Bogotá, que, en un país tan conservador como es Colombia, también vota progresista. Muchas de ellas, menos Madrid, cuyo caso es digno de estudio. Con respecto al apoyo a Le Pen, Marsella no es un sitio donde se vota mayoritariamente a *Rassemblement National* (antiguamente Front National). Son más bien ciudades periféricas a Marsella donde se estableció el FN inicialmente, como Vitrolles o Marignane. En este contexto, lo ocurrido en París durante las últimas elecciones legislativas ha sido un consuelo.

Es manifiesto que existe ahora una derecha tremendamente conservadora en Europa, que se encuentra muy cómoda en el extremo y cuyo mensaje resulta disolvente, negativo para la economía y la sociedad en general, para el conjunto de ideas políticas que nos permiten seguir avanzando. La disyuntiva es fácil de exponer: si a los franceses no les gusta cómo se relacionan los alemanes con los polacos y los austriacos, ¿cómo vamos a ser capaces de entendernos con los países del continente africano o con China?

La alternativa al diálogo sigue siendo el mundo de todos contra todos, el retorno a la disputa en términos históricos. La falta de comunicación siempre desemboca en un aumento de la intensidad bélica como el que estamos viviendo. Hay una inevitable relación directa.

Ante este agitado escenario global, España muestra una clara singularidad. Esta España, de historia tan convulsa, que permaneció apartada de la órbita internacional durante décadas, reaparece ofertando un escenario político más razonable. De entre los grandes países, es uno de en los que menos porcentaje de voto ha obtenido la extrema derecha. Y a su vez, de los grandes países, es el que cuenta con una izquierda con el mayor porcentaje de voto. Esta reflexión no está muy presente, no es frecuente en los medios de comunicación y, sin embargo, dice mucho, desde mi punto de vista, como es lógico, en favor de nuestro país. El presidente del Gobierno de España es en este momento la presencia progresista más importante de la Unión Europea.

Se nos ha dado una oportunidad extraordinaria desde la que abordar el próximo debate sobre la autonomía política estratégica de la Unión Europea. Como nación, España tiene ahora la fuerza suficiente para marcar una idea, un proyecto. Y es que, afortunadamente, en nuestro país siguen latiendo los ecos de una intelectualidad republicana que fue democrática, potente y muy avanzada. Quizá por eso la derribaron. Muchos somos herederos de aquella pléyade intelectual, de la generación literaria que alumbró la Segunda República. La intelectualidad del exilio español fue espectacular, como también lo fue el poder de su espíritu para enfrentar aquel terrible sentimiento de orfandad constante al que se refirió la escritora María Lejárraga en sus memorias desde el exilio.

Hago este apunte porque existe una abrumadora falta de empatía hacia el exiliado que ha generado una auténtica ola de insolidaridad contra la inmigración, cuando aparecen el estigma racista y la insensibilidad xenófoba promovidos por partidos de ultraderecha, cuyos discursos infundados hacen que cale el miedo al extranjero y al diferente. Debemos afirmar con rotundidad que la regularización de inmigrantes redunda en más personas contribuyendo a la riqueza y al buen funcionamiento del sistema.

En paralelo al auge de los populismos y, según debe ocurrir en todo espacio democrático y de libertades, se siguen produciendo avances. La democracia no deja de ser un proyecto abierto, en la medida en que la extensión de los derechos que la llenan de contenido atisba siempre nuevos horizontes a impulso de las fuerzas progresistas. Es evidente que los más notables han sido los referentes al desarrollo del propio espacio democrático, a los derechos de igualdad de género y al derecho antidiscriminatorio en general.

En la actualidad estamos viviendo la respuesta a la extensión de esos derechos, como siempre ocurre cuando se consolida una mirada más abierta, con el cambio cultural que conlleva y la consiguiente pérdida de privilegios. Entonces, los sectores políticos más conservadores actúan de acuerdo con la lógica de sus posiciones.

Pese a todo, esta reacción política es en términos históricos mucho mejor que la de siglos anteriores, cuando se recurría al uso de la fuerza contra los avances o a instrumentos como la Inquisición. No obstante, la tensión que se percibe es similar. La prueba evidente es que a esa visión de una Europa más avanzada, más progresista, le corresponde también una visión favorable a una Unión Europea más perfecta, a una integración mayor, a que las áreas de gobierno, de decisión en el ámbito de las instituciones europeas, ganen espacio.

Si nos detenemos a analizar, podemos percibir fácilmente que, por lo general, las fuerzas progresistas o de izquierdas han sido y son partidarias de una integración mayor, y que los frenos en términos ideológicos han provenido con carácter general de las fuerzas conservadoras.

Que esta divergencia se haya producido con especial intensidad en el arranque del siglo XXI, tras la *non nata* Constitución europea que acabó en el Tratado de Lisboa, supone en el fondo una gran consolidación del propio proyecto europeo, porque en él ya se expresan abiertamente y con sinceridad ciertas posiciones que se resistían a considerar que la paz europea o la democracia estuvieran en juego.

Cabe destacar que esas dos grandes líneas son coincidentes y, en coherencia, se complementan con la opción de una Europa cuyo programa social se dote de mucho más contenido y no se limite a la unión de tipo económico, comercial y monetario.

El carácter integrador de la Unión Europea

Merece un momento de reflexión cómo se fue imponiendo con carácter general la idea progresista de Europa, tras haber vivido momentos difíciles en lo que respecta a derechos y libertades. El principio de igualdad, sin ir más lejos, ha ido adquiriendo una categoría constitucional en la Unión, y lo mismo ha ocurrido con todo un entramado normativo sobre los derechos individuales.

Como ejemplo de la evolución del carácter integrador de la UE, destaca el momento culminante en el que Europa, situada frente al abismo que abría la pandemia, desterró las soluciones adoptadas durante la gran crisis financiera y optó por no quedarse estancada. El resultado fue una opción firme por la integración y acudir a los mercados para financiarse de manera mancomunada endeudándose mediante los llamados «eurobonos». El salto cualitativo ahora ha sido muy importante.

Sin embargo, y como ya he comentado en estas páginas, hemos pasado de constituirnos en un espacio de paz y por la paz, de haber tratado de liderar la solución pacífica de los conflictos, por ejemplo, claramente, con la crisis de la guerra de Irak —el último momento en que Europa mantuvo su personalidad política inequívoca en defensa de la legalidad internacional—, a evitar condenar abiertamente la guerra de Gaza.

A partir de aquí, lo que han supuesto la emergencia de China y todo el proceso de distanciamiento con otra gran potencia, Rusia, ha derivado en una posición más conservadora en política exterior, menos proactiva, con menos iniciativa. La UE ha dejado de aparecer ante el mundo como una gran referencia.

Durante décadas, insisto, lo fuimos para la solución pacífica de los conflictos, con la ayuda, muy especialmente, de Noruega y de los demás países nórdicos; y fuimos la gran referencia, también, en cooperación al desarrollo y en la construcción de los objetivos para el desarrollo sostenible.

Aún recuerdo la fase evolutiva que arrancó en paralelo a los Objetivos del Milenio en el año 2000, el proceso que culminó en gran medida con los Objetivos de Desarrollo Sostenible de 2015, de los que Europa fue gran impulsor, junto con países de Latinoamérica como Brasil. Su presidente, Lula da Silva, lidera en Naciones Unidas desde hace años la lucha contra la pobreza y a favor del hambre cero en el mundo.

Como casi siempre ocurre cuando se abren nuevas fronteras, hay un predominio del impulso progresista; persiste la voluntad de conseguir una mayor integración europea y de consolidar los grandes valores democráticos, algunos no discutidos, claro está, como la abolición de la pena de muerte, que ya forma parte de nuestro acervo inequívoco.

Sin embargo, la emergencia de China en los últimos veinte años ha cambiado todo el tablero internacional de tal suerte que ha descolocado a Estados Unidos y ha colocado a Europa en un territorio incierto en lo que a política exterior se refiere. Esta situación, unida, además, a la acción política de Rusia con la invasión de Ucrania, ha favorecido la tendencia derechista en la Unión. No obstante, no creo que vayan a verse afectadas las políticas esenciales en lo que respecta a derechos, a cuestiones sociales y de integración, ni que vayan a sufrir grandes retrocesos, aunque sí es posible que experimenten un frenazo.

Tampoco creo que se vayan a cuestionar la idoneidad de los fondos europeos, ni las directivas ni todo el entramado normativo de la Unión Europea en favor de la igualdad de género, pero sí habrá un cierto estancamiento; en el horizonte inmediato no aparece un tiempo de auge de nuevas políticas progresistas. Y quizá el principal reto al que se enfrenta la Unión Europea en la actualidad, insisto, es su posicionamiento en el mundo, su visión política exterior, su relación con la comunidad política internacional.

En coherencia con su acción política por la paz, Europa debería actuar como vertebrador de las relaciones entre Estados Unidos y China en particular, pero una parte de nuestro viejo continente sigue aplicando una estrategia confrontativa.

Debemos preguntarnos si nuestra concepción de lo que es Europa resulta a estas alturas un espejismo. La pregunta es necesaria y mi respuesta es que existe una base fundamentada desde la que mantener una posición de liderazgo dentro de la comunidad internacional. Europa debe explorar su propio potencial, mayor del que se cree que tiene en el mundo, y resistir las continuas e intensas presiones provenientes de Washington. Por encima de la guerra, debe primar la protección de la seguridad, que es la paz. Y la paz es fruto de la política diplomática, la única con capacidad para protegernos en un mundo de potencias nucleares.

Pero no nos engañemos. Conviene hacer una cura de humildad porque la historia de Europa, desde el Imperio romano hasta la Segunda Guerra Mundial, es una historia de guerra, donde se fraguaron las dos ideologías más totalitarias y terribles de la historia de la humanidad, el nazismo y el estalinismo. Ocurrió en Europa, y el mundo entero lo sabe. Incluso en las zonas más remotas de África, carentes de los niveles de bienestar que disfrutamos nosotros, saben lo que fueron las guerras en Europa, no en vano el colonialismo y la esclavitud llenan las páginas de su historia.

Mucho más allá del muro de Berlín ha primado, desde la Segunda Guerra Mundial, una visión confrontativa de las relaciones internacionales, que sobrestima el sistema político occidental frente a los demás, lo que ha condicionado todo el orden internacional, la diplomacia y, en general, las relaciones políticas. La tipología de los otros es distinta: unos, porque son regímenes más liberales; otros, porque conforman grandes potencias, y otros, porque se encuentran más cerca del Sur o de ideas alternativas. ¡Cuántos de estos países ya están funcionando económicamente, y aquí ni siquiera llegamos a enterarnos de sus logros! No olvidemos que el mayor fiasco de la guerra entre Rusia y Ucrania es que a Rusia, por su enorme fortaleza y su asociación con otros países, no le han afectado las mayores sanciones económicas que Occidente le ha impuesto a un país en toda su historia.

En todo caso en relación con Europa, es justo reconocer que, si de lo que se trataba en las últimas décadas era nada menos que de consolidar la democracia y una construcción político-jurídica más estimable, los logros conseguidos por la Unión en su ámbito territorial han sido, sin duda, tan extraordinarios como admirables. Hay que seguir partiendo de ahí para no perder el rumbo.

Mejor que Europa, Unión Europea

Los ochenta fueron años de impulso para la Unión Europea, y este impulso vino dado indiscutiblemente por la entrada de los países de la Europa del Sur. Fue entonces cuando tomaron cuerpo los fondos de cohesión y el proyecto de una moneda única, el euro. Dicho impulso, sin embargo, sufrió ya un frenazo con la incorporación, a partir de abril de 2004, de los países del Este.

Estuve desde el inicio en el Consejo Europeo de los 25, que incluía entidades diametralmente distintas, de dos sensaciones políticas muy diferentes.

En el primer caso se trataba de un Consejo muy político, cuyo hándicap —no resuelto— era siempre el papel de una Gran Bretaña como miembro a medias de la Unión. El diálogo entre Norte y Sur —entre Francia y Alemania con todos los demás— era entonces muy bueno. Aquella época fue de entendimiento, claramente, pero las cosas cambiaron cuando se integraron los ocho países del Este, en el proceso más generoso de los llevados a cabo por la Unión Europea en toda su historia.

Con seguridad puedo afirmar que aquel fue un proceso inevitable, pero también que las culturas políticas de los que estábamos, respecto a las de los que llegaron entonces, eran muy distintas y de prioridades encontradas. La de la Europa occidental consistía en llevarse bien con Rusia, lo que se quebró con la entrada de los países del Este, cuya obsesión era, sin lugar a dudas, la propia Rusia, su gran rival, el gigante que los había oprimido y al que seguían —y siguen— temiendo.

Porque es un hecho que los países del Este recelan de Rusia; creen que mantiene intacta la intención de ocuparlos o de, al menos, someterlos y tenerlos controlados, mientras la Europa occidental concede que Rusia necesita un papel significativo en la escena internacional, aunque obviamente alejado de las agresiones bélicas.

Los mayores problemas que Europa ha enfrentado han venido, pues, del Este y también del Sur, representado por el caso de Turquía, al que ya me he referido. El protagonista de ese episodio fue Nicolas Sarkozy, con su negativa a cumplir la promesa que la Unión Europea le había hecho a la Turquía de Erdoğan. La memoria es limitada y selectiva, pero yo recuerdo cada Consejo Europeo y, aún hoy, sigo convencido de que las debilidades de la Francia de entonces repercutieron en toda la Unión y de que en ellas hunde sus raíces la parálisis a la que debimos enfrentarnos tras aquella decisión.

Es inevitable, además, tener en cuenta el marco de la Guerra Fría para entender las relaciones entre Europa y Estados Unidos tras la incorporación de los países del Este a la Unión Europea, y el estrecho vínculo entre estos y el gigante americano. Los exregímenes comunistas mantenían una relación muy poderosa con Estados Unidos. No en vano, ya en democracia, Washington había secundado todos los movimientos sociales democráticos allí a través de todas sus fundaciones, apoyando a los propios políticos que los han favorecido.

Lo mismo ha ocurrido con los países bálticos, que han mantenido políticas contrarias a la doctrina de la integridad territorial. Y no ha pasado únicamente en Europa. Estados Unidos se ha promocionado de la misma manera en muchas otras partes del mundo sin que, necesariamente, estos países terminaran por asimilarse a ellos. Es cierto, sin embargo, que, en lo que respecta a los países del Este, ha calado cierta herencia norteamericana. De alguna manera, comparten la percepción de la izquierda política basada en una confusión por lo que fue el comunismo. Su poderoso vínculo con Estados Unidos radica en parte en la visión que tienen de ellos como alternativa intangible a ese comunismo y como apuesta por la libertad.

Recuerdo a un presidente de la República checa, un hombre intelectualmente bien pertrechado, que llegaba a identificar Bruselas con el Kremlin por su carácter centralista. Para él, el paraíso de la libertad era Estados Unidos. En cualquier caso, esta manera de pensar no denota una corriente dominante en la Europa actual.

Propiciar la entrada en la UE de los países del Este tuvo mucho que ver con la voluntad de debilitar a Rusia. Al salir de la Unión Soviética, de algún modo esos países habían quedado errantes. Rusia también, pero por su tamaño no necesitó participar de ninguna entidad mayor. Quizá ha sido precisamente esa soledad lo que ha propiciado que terminara atacando al sistema internacional.

Aquella Europa que se opuso a la intervención de Estados Unidos en Irak conserva el aplauso del Sur, del Sur africano, árabe o asiático. Sin embargo, la Europa que rinde vasallaje a los norteamericanos, la que defiende su guerra con China, es una Europa que no despierta simpatías, carente de personalidad o de un proyecto alternativo; una especie de segundona de Estados Unidos, que suele provocar el rechazo de la mayoría de los países del mundo, sobre todo del Sur, donde saben con creces que la política exterior estadounidense casi siempre obedece a un impulso hegemónico.

Como los 27 países democráticos que la forman, la Unión Europea nunca debería sentir la limitación de manifestar lo que verdaderamente piensa, ni verse obligada a seguir la estela de quien prefiere centrarse en luchar por defender su hegemonía frente a China. Al poder económico de los titanes estadounidenses y a la presión de sus medios de comunicación se puede sobrevivir sin grandes dificultades. Yo mismo prioricé la autonomía política frente a Estados Unidos durante mis años en el Gobierno. En aquel momento, previo a la guerra de Irak, Europa desafiaba a Bush cara a cara. Teníamos la legalidad internacional de nuestro lado. ¿Cómo no íbamos a defender nuestra posición sabiendo cuán perjudicial resultaría la suya para la paz? En ningún momento me sentí amenazado o arrepentido porque el presidente Bush me dijera lo que me dijo tras comunicar a su gabinete nuestra decisión rotunda de retirar las tropas. Lo que me transmitió, esencialmente, fue su decepción por —según él— haber puesto en riesgo la estrategia estadounidense en la zona. Sin embargo, la legitimidad de nuestra democracia quedó garantizada y el tiempo nos dio la razón.

Jamás en mi trayectoria política busqué la confrontación con el pensamiento norteamericano, pero tampoco pretendí en ningún momento quedar bien. Mi tarea fue defender el interés de España, y aún hoy me siento orgulloso de haber tomado aquellas decisiones. Me reafirmé en una posición geopolítica, que era la del Gobierno que tuvo la valentía de defender la autonomía de su país, la autonomía política en la que radica la fortaleza de las democracias.

La inmigración es uno de los grandes asuntos que ha enfrentado la Europa de la era post-Irak, esa Europa incapaz de afianzar sus cimientos en una Constitución por la negativa de Francia. Es necesario recordar el cambio en la política de inmigración que vivimos al pasar del mandato de Jacques Chirac al de Nicolas Sarkozy en nuestro país vecino. Si bien el discurso de Chirac nunca fue contrario a la inmigración y, de hecho, se mostró siempre a favor de las medidas que propuse adoptar en la Unión ante cada crisis migratoria, la posición de Sarkozy fue completamente contraria. Su política es responsable de que, en buena parte de África, Francia sea vista como un país colonialista indeseable, impresión que no percibimos con claridad en aquel momento, pero que el tiempo se ha encargado de esclarecer.

Mi relación con Sarkozy fue buena en lo personal. Cuando estás sentado en uno de los sillones del Consejo Europeo, lo habitual es que se cuiden las formas. Ideológicamente, sin embargo, no coincido en absoluto con él, sobre todo en cuestiones de inmigración. Siempre se mostró como el más reacio a las políticas de integración europea y discrepamos con respecto a la posición de Turquía, pero es justo decir que se portó muy bien con España en todo lo referente a la lucha antiterrorista, facilitando la actuación de la Guardia Civil en Francia. Agradecí con sinceridad que un presidente de derechas nos brindara todo su apoyo y lamenté después que perdiera todo el tiempo de su campaña electoral a las presidenciales poniendo a España de mal ejemplo.

Por desgracia, es incuestionable que parte del discurso de Nicolas Sarkozy para entender la evolución de Europa lo acercaba a los postulados de la ultraderecha, lo que resultó aún más patente en dos momentos. El primero, al plantear la ampliación europea, no solo por las dificultades que entrañaba cuantitativamente, sino también en términos geopolíticos. En España estábamos alejados por completo de las corrientes políticas de aquellos países. El segundo momento tuvo lugar después de que Francia —*a priori*, el país más integrador de la Unión— votara en contra de la Constitución europea, y trajo consigo el factor reactivo nacionalista.

Desde que aquella oportunidad se perdió en referéndum, y tras la crisis financiera, ni Europa ni la Unión Europea se han apuntado un solo tanto como organización política, ni a favor de las propias sociedades europeas ni mucho menos para el resto del mundo. Solo en la política europea relativa a las vacunas y en el reparto de los fondos para la reconstrucción tras la pandemia se ha vislumbrado, transitoriamente al menos, el resurgir de Europa.

El problema en la base de esa incipiente desafección respecto a Europa, que se vive en algunas zonas de la Unión, obedece al propio reequilibrio geopolítico y económico global.

Estados Unidos, con Europa y Canadá, consiguió prácticamente el monopolio del capital tecnológico y de conocimiento mundial, haciendo gala, además, de una fortaleza extraordinaria que permitió el desarrollo del estado de bienestar. Esta etapa entró en declive hace veinte años, coincidiendo con la emergencia de China y de otras grandes potencias.

La gran crisis financiera de 2008 y 2009 fue, esencialmente, una crisis de endeudamiento, porque tanto la Unión Europea como Estados Unidos se vieron obligados a financiarse para poder mantener ese nivel de bienestar. Tenían capacidad para hacerlo porque contaban con activos ricos, con sociedades adineradas, con moneda y liderazgos poderosos. En su momento se trató, de hecho, de una crisis más del ámbito privado que del público, pero cuyas consecuencias se sufrieron en todos los espacios.

La reacción que sobrevino entonces fue, más que ideológica, académica. Todo un bucle intelectual formado por los altos funcionarios de los bancos estatales y de la Comisión, los laboratorios de ideas y gabinetes estratégicos, el *Financial Times*... apostaron de forma coordinada por la austeridad. No he llegado a saber hasta qué punto se trató más de una decisión ideológica, intelectual o propagandística. Se divulgó la convicción de que la respuesta económica no podía ser ningún tipo de mesianismo; no se podrían unir todas las monedas ni el Banco Central podría actuar como prestamista en última instancia, como actuaba la FED, el sistema de la Reserva Federal de Estados Unidos. Había una restricción ideológica, pero también intelectual, y la unión de ambas vertientes resultó abrumadoramente dominante e interesada.

Es justo reconocer que la pandemia propició un cambio en ese paradigma. Las circunstancias hicieron que se permitiese a los bancos estimular la economía, aunque se tratara de un hecho azaroso, un *shock* externo en el que no intervenía la política.

Habría sido impensable que, durante la crisis mundial del COVID-19, alguien como Jean-Claude Trichet, presidente del Banco Central Europeo entre 2003 y 2011, hubiera ido a mostrarles a los presidentes de España y Portugal, como hizo conmigo y con mi colega José Sócrates, su cuadro sobre la alarmante evolución de los salarios de los empleados públicos, además de la situación de los mercados y de la prima de riesgo, como estuvo haciendo de manera recurrente el tiempo que duró la crisis financiera.

El suyo era un gran argumento para justificar que en España, Italia, Portugal y Grecia, los países de la Unión que más sufrimos aquella crisis, nuestras primas de riesgo fueran peores. Y no creo que se tratara por su parte de imponer un castigo, sino de la exposición de mera ideología. Aunque, por otro lado, también conozco a economistas de izquierdas afines a estas teorías en los que había calado la convicción de que si la economía subía, el salario mínimo podría destrozar el empleo.

La socialdemocracia no deja de ser una apuesta social y moral en la economía libre capitalista. Pero el pensamiento económico suele ser monolítico —casi orto-doxo— y, cuando aparecen propuestas expansionistas o keynesianas, se perciben como una amenaza. Sin embargo, la realidad de la pandemia ha demostrado lo discutible de este dogma.

El caso del exministro de Finanzas de Grecia, Yanis Varoufakis, fue sintomático. Aquel New Deal europeo que planteó en su momento ya se consideró una locura, y, sin embargo, ahora sí cabría la posibilidad de abrir ese debate. Entonces llegué a creer que sería posible lograr un entendimiento común para todos los miembros de la Unión Europea, pero cuando alemanes, finlandeses, noruegos, suecos o franceses empezaron a saber lo que había ocurrido en Grecia, todos se llevaron las manos a la cabeza.

Recuerdo vivamente el Consejo Europeo en el que compareció el entonces primer ministro griego, Yorgos Papandreu. Habían pasado pocos meses desde su victoria en las elecciones, y nos contaba la situación en la que se encontraban las cuentas públicas en Grecia. Supimos en ese momento que el déficit no era del 9, sino del 14, y que había cientos de miles de pensiones fraudulentas. La cara de Angela Merkel llegó a hacerme creer que no saldríamos de allí aquel día.

La forma en que se trató el desastre griego nos perjudicó muchísimo a todos. ¿Cómo podía aceptar el contribuyente alemán hacerse cargo del problema, transfiriendo su dinero a aquellos irresponsables?

Los países, sin embargo, evolucionan, y en la actualidad la situación económica de los del sur es mejor que la de muchos del centro y el norte de Europa, y va a seguir siéndolo durante los próximos años. Tal vez los debates sobre el salario mínimo y la armonización fiscal tengan entonces más posibilidades de abrirse camino en Europa.

Está por ver si podremos asistir en el futuro inmediato a un proceso de afirmación europeísta que avance en políticas de integración en la Unión ante las dificultades que pongan las extremas derechas nacionalistas. La primera opción la encarna el liderazgo que representa Pedro Sánchez, seguro que también el presidente del Consejo y del Partido de los Socialistas Europeos, al que se incorpora el resurgir del socialismo italiano frente a Giorgia Meloni.

Sin duda, la peor disyuntiva a la que se ha enfrentado la Unión en los últimos años ha sido el Brexit, la primera vez que uno de sus miembros decide salir, cuando la constante había sido siempre la contraria, el deseo de entrar de muchos países vecinos.

En su relación con Europa, podríamos decir que Gran Bretaña fue como una avispa: siempre presente, siempre amenazando con picar y llegando a producir infecciones en las dinámicas del proceso europeo. Creo, además, que su caso sirve para ilustrar la gran crisis de identidad que seguimos atravesando. Solo el Imperio británico podía desempeñar este papel, la madre de Estados Unidos, el que llegó a ser el gran imperio de la Historia y que, en la actualidad, padece una decadencia evidente en lo que respecta a su relevancia internacional, ejemplificada en el valor de su moneda, aunque sigue siendo un país con grandes valores y activos políticos, económicos y sociales.

Los datos son demoledores: desde la llegada al trono de la reina Isabel II hasta su fallecimiento en 2022, Gran Bretaña pasó de acaparar el 10 % del PIB mundial a solo el 3 %. La libra perdió tres veces su valor. El mundo cambió, y los países emergentes emergieron. El Reino Unido necesitó entonces un culpable y encontró dos: Bruselas y la inmigración.

Con su renuncia a la Unión, Gran Bretaña se ha llevado la mayor bofetada que se podría llevar un país. Los liderazgos políticos británicos de corte conservador en los últimos tiempos han sido catastróficos. Primero, con David Cameron incurriendo en la grave impericia de convocar ese referéndum, y, segundo, con un tipo como Boris Johnson que, en mi opinión, debió dedicarse al teatro o a las aclamadas series de comedia británicas antes que a la política. La culminación del tipo de potencia que ha sido Gran Bretaña en los últimos tiempos ha quedado muy bien ilustrada con este primer ministro rayano en lo surrealista.

Pese a todo, a fin de cuentas, el Reino Unido sigue teniendo la fuerza de su idioma. Fue el impulsor de la Revolución Industrial y el inventor de la máquina de vapor parlamentaria. El fondo de armario británico es espectacular, no me cabe duda, pero en la actualidad apenas han podido admitir que han perdido el rumbo, y es ahí donde radica el verdadero problema. Mantengo la esperanza de que el nuevo primer ministro sea capaz de hacer algo más que gestionar las tareas del Gobierno; Keir Starmer parece un político con visión.

Cabe pensar que los británicos se equivocaron eligiendo el Brexit. Al mismo tiempo, dejaron entrever un problema generacional en ciernes, pues quienes votaron a favor de la salida de la Unión Europea fueron sobre todo ciudadanos mayores. Aun así, la democracia establece un pacto tácito que implica que la culpa nunca es de los que votan, sino del elegido. Los votantes tienen derecho a equivocarse. En contra de lo que ha afirmado en alguna ocasión el escritor Mario Vargas Llosa, tengo el convencimiento de que la gente no vota mal. Pensar que eso es lo que ocurre cuando no resultas elegido es tener una visión sesgada de la democracia. Mejor que dedicar el tiempo a intentar conseguir que te elijan es hacer autocrítica y preguntarte, como líder político, qué puedes ofrecer, por qué deben elegirte.

El laborismo sufrió una crisis de liderazgo evidente. Gordon Brown era un político de primera, aunque no un político carismático y se vio sorprendido por la crisis europea. Vivió un resurgimiento importante en los referéndums de Escocia. A partir de entonces, el laborismo se quedó sin liderazgos y se vio atrapado en un Brexit que habría querido evitar.

Tras la crisis financiera, la posición pro-Brexit fue mayoritaria entre la opinión pública británica. Sus defensores recurrieron, en efecto, al argumento fácil de culpar a la inmigración y a Bruselas de todos los males que nos acuciaban. Aquella crisis hizo que calara entre ellos el discurso falaz de que Europa no los asistía, y, más tarde, la pandemia contribuyó a afianzar esa sensación de desasosiego que propició el auge de la insolidaridad.

El momento actual resulta muy interesante, porque Occidente volvería a contar con un pulmón vital si Gran Bretaña diera el paso de volver a la Unión, una cuestión que no se resolverá a corto plazo, obviamente, por la mala sensación global que dejaría todo el proceso, pero que confío en que acabe ocurriendo. Los propios británicos, haciendo gala de su orgullo imperial, deberán decir con contundencia «queremos volver». Percibimos ya algunos síntomas de que, con una eventual reincorporación del Reino Unido, Europa proyectaría una imagen muy positiva al mundo porque, en resumidas cuentas, la Unión Europea es mejor que Europa. Su proyecto político trasciende naciones y generaciones en busca de la unidad, el bienestar y la paz, en oposición a la realidad histórica de Europa, que todavía tiene mucho que explicar, especialmente desde el punto de vista de los derechos humanos.

Debemos recordar que el proyecto de Unión Europea ha sido una decisión estratégica, no consecuencia del azar; no ha sido la Historia la que nos ha traído hasta aquí, sino nuestra voluntad colectiva para desarrollar un ambicioso proceso de unidad. Empezamos con la energía, con la creación de la Comunidad Europea del Carbón y del Acero, en 1951, y fuimos advirtiendo que, ante el surgimiento de problemas, aquella unidad funcionaba, nos hacía más fuertes y preservaba la paz.

Un proyecto como el del euro, totalmente novedoso en la Historia, requirió las mejores cabezas para echar a andar. Los estados-nación tenían sus monedas, y estas pasaron a converger en una moneda común. Hay que reconocer, no obstante, que en sus fundamentos teóricos fallaron varios factores muy importantes, como quedó demostrado en las crisis posteriores. En primer lugar, los déficits por cuenta corriente, que no se tuvieron en consideración, sí computaban pese a que tuviéramos una moneda única. Frente a la teoría tradicional defendida por los arquitectos del euro, que afirmaba la futilidad de que los países miembros tuvieran o no un déficit por cuenta corriente, porque nunca sufrirían problemas de financiación, se dio la circunstancia de que esos déficits, para nuestra desgracia, sí contaron. Y, en segundo lugar, falló la concepción del propio Banco Central Europeo, como Mario Draghi —su presidente, de 2011 a 2019— había anticipado. El BCE no pudo funcionar como prestamista de última instancia hasta que estuvimos ya por los suelos. Alemania entonces se vio obligada a aceptar todas las medidas que se pusieron en marcha. Inyectó en el sistema toda la liquidez de que fue capaz. Con esto quiero decir que el BCE estuvo marcado desde el principio por la impronta alemana y por su experiencia histórica, y solo *in extremis* pudo actuar como tal Banco Central.

Si algo ha caracterizado la historia de Occidente es su capacidad crítica. En una sociedad ilustrada y abierta al debate, hemos podido reaccionar con la autocrítica a la gestión de la gran crisis financiera de 2008, relativizando el empeño en tomar las teorías económicas como si fueran ciencia exacta, muy tributarias, por cierto, del pensamiento económico norteamericano.

Cambio de orden: la emergencia de China y el declive de Estados Unidos

Durante los últimos años, las grandes potencias han tratado de evitar el debate sobre la autonomía estratégica que, por fin, está en marcha. Los seres más inteligentes son, sin duda, aquellos que consiguen adaptarse mejor a los cambios, y en Occidente nos estamos adaptando al cambio geopolítico que ya se vislumbra, pero pretendemos que se lleve a cabo a nuestra medida, y, sin embargo, no va a ser así. Lo veremos durante la presente legislatura de Trump en Estados Unidos, que va a estar probablemente marcada, a nivel internacional, por el declive de su liderazgo.

La sociedad norteamericana ha decidido apostar por el nacionalismo, pues tal vez ha empezado a asumir que su pretensión hegemónica es imposible, que el cambio en su visión de la Historia y de las relaciones internacionales es inexorable a todas luces.

También veremos algún último intento desesperado por mantener su estatus supremacista, algo que, por cierto, sería impensable que ocurriera en Europa. Pero lo que me preocupa realmente de los resultados de las últimas elecciones estadounidenses no es la victoria de Donald Trump, sino el fracaso del Partido Demócrata, pues simboliza otro declive que debe ser urgentemente sanado, el del pensamiento político progresista.

La lectura que hago sobre la victoria de Trump está fundamentada en cómo se ha configurado. Más que un avance del exmandatario, lo que resulta alarmante es el retroceso de los demócratas, que han perdido terreno en sectores clave del electorado donde tradicionalmente contaban con apoyo. Trump no ha ganado nuevos votantes; de hecho, ha perdido votos respecto a 2020. Sin embargo, su victoria se explica por la abstención de diez millones de votantes que en 2020 eligieron a Joe Biden, pero que ahora no respaldaron a Kamala Harris. Esta caída refleja una desconexión profunda entre el Partido Demócrata y su base progresista.

Un factor clave ha sido su postura ante el conflicto en Gaza, que alineó al electorado musulmán-estadounidense. En 2020, el 93 % de este grupo votó por los demócratas, pero en 2024 solo lo hizo un 20 %, representando una caída del 73 %. Esta pérdida de apoyo es un golpe contundente, especialmente en estados como Pennsylvania, donde el voto musulmán tenía un peso significativo. Esta situación expone una contradicción histórica dentro del Partido Demócrata: el equilibrio entre el apoyo al *lobby* judío, tradicionalmente fuerte, y las expectativas de sus votantes progresistas, muchos de los cuales demandan una postura más crítica hacia las políticas de Israel.

En un momento en el que la derecha se muestra hipermovilizada, cohesiva y con un discurso radical, el progresismo parece atrapado en una narrativa reactiva. Los demócratas, en lugar de articular una visión proactiva y transformadora, han optado por políticas que a menudo parecen una versión diluida de las propuestas republicanas, especialmente en inmigración y confrontación con China. Este enfoque ha debilitado su identidad, alejando a sus grupos de votantes naturales.

La ausencia de un discurso progresista fuerte se hizo evidente en la política exterior. El apoyo casi incondicional de la Administración Biden a las políticas de Netanyahu en Gaza y su falta de una estrategia clara para la paz en Ucrania han erosionado la confianza de sus bases más comprometidas con los valores de cooperación internacional y resolución pacífica de conflictos. En cambio, Trump, aunque no sea un pacifista por convicción, ha articulado una postura que al menos promete un cambio en la política hacia Rusia y Ucrania, generando un impacto que podría alterar profundamente las dinámicas internacionales.

A nivel interno, otro problema significativo ha sido la incapacidad del feminismo para mantenerse cohesionado. En un contexto donde el derecho al aborto y los derechos de las mujeres han estado en el centro del debate, la falta de unidad dentro del movimiento feminista ha debilitado su capacidad de movilización. Esto, combinado con el auge de valores conservadores promovidos por sectores como las iglesias evangélicas, especialmente entre comunidades latinas, ha reforzado la narrativa de la derecha.

La victoria de Trump también pone de manifiesto los riesgos inherentes a la democracia. Que un candidato que hace cuatro años no aceptó su derrota electoral y alentó la insurrección en el Capitolio haya vuelto al poder es profundamente preocupante. Sin embargo, este resultado no puede atribuirse a factores externos como China o Rusia. Es un problema interno de las democracias occidentales, donde la polarización, la desinformación y el radicalismo están erosionando los valores fundamentales de tolerancia, respeto y cooperación.

Para que el pensamiento progresista recupere relevancia, necesita reconstruir sus valores universales. No basta con reaccionar a la agenda conservadora; es imprescindible articular un proyecto político claro que inspire esperanza y movilice a los votantes. La izquierda debe liderar con convicción, ofreciendo soluciones concretas a problemas globales como el cambio climático, las desigualdades sociales y los conflictos internacionales.

En un contexto global marcado por el declive de la hegemonía occidental y el auge de potencias como los BRICS, el progresismo tiene una oportunidad histórica para redefinir su papel. Sin embargo, esto solo será posible si se asume la iniciativa con una visión clara y coherente. Si no lo hace, el espacio que deja vacío será ocupado por una derecha radical cada vez más organizada y movilizada.

Ante el cambio de presidente de Estados Unidos, lo que verdaderamente está en juego son los planteamientos de la Ilustración, la evolución de la historia de los últimos tres siglos de emancipación de los seres humanos, pues el trumpismo no es sino un movimiento claramente antiilustrado —y, por lo tanto, irracional— y, con fenómenos como este, Estados Unidos es en realidad el país que más trabaja a favor del liderazgo chino.

En 2004, el año en que accedí a la presidencia del Gobierno, ya percibimos indicios de que estaba en marcha el gran cruce de la Historia, un gran cambio geopolítico. Venía produciéndose, aproximadamente, desde hacía unos catorce años, pero entre 2004 y 2014, la intensidad del cambio aumentó.

Terminamos el siglo xx con la caída del muro de Berlín como el hecho político de mayor envergadura, y empezamos el xxi con la emergencia de China como realidad más destacable a este respecto. Así lo señalaban en 2004 los indicadores económicos, con crecimientos que oscilaban entre el 9 y el 10 %, nunca conocidos hasta entonces. En este sentido, el nivel de desarrollo tecnológico del país asiático ha sido, a todas luces, espectacular, y también la rápida reducción de los índices de pobreza, tal vez sin precedente conocido con esa intensidad.

En aquel momento, 2004, China era considerada todavía un socio amable para Occidente. Producía barato y hacía competitivas a muchas empresas norteamericanas y europeas, y a sus productos. Pero, en torno a 2008, pude constatar el cambio que se estaba propiciando. Pasamos de reconocer el peso específico de China para la comunidad internacional a percibir la repentina premura de Occidente por frenar aquella emergencia. El tránsito empezó cuando aquel reconocimiento y el propio peso del gigante asiático supusieron una competencia real con Estados Unidos en casi todo. Se orquestó entonces un cambio de estrategia. Estados Unidos y parte de Europa, empujada esta última, sin lugar a dudas, por los norteamericanos, se planteaban frenar inútilmente toda aquella inaudita capacidad de crecimiento.

En septiembre de 2008, coincidiendo con el momento más angustioso de la crisis financiera, que era ya entonces una crisis global, George W. Bush convocó la primera cumbre, casi fundacional, de líderes políticos del G20, un foro creado por las veinte economías principales del mundo y dirigido sobre todo a la participación de ministros de Economía.

Tuve el privilegio de asistir a aquella cumbre en el momento en que mejor relación mantuve con Bush de toda mi trayectoria política, tras unos comienzos que fueron, como es bien conocido, fríos, muy fríos.

Estábamos a punto de que colapsara el sistema financiero. De entonces es la famosa proclama de Sarkozy de que había que refundar el capitalismo. Toda la banca de inversión ya estaba afectada y algunos gigantes financieros, empezando por Lehman Brothers, se habían declarado en quiebra. Íbamos sin freno hacia una recesión mundial. Y se produjo algo seguramente novedoso, el cierre de los préstamos de unas entidades bancarias a otras por pura desconfianza, porque nadie podía saber con exactitud hasta qué punto los productos financieros y los propios bancos estaban infectados.

Pues bien, en aquella reunión del G20 pude comprobar que la solidez y la firmeza iban de la mano del entonces presidente de China, Hu Jintao, cuya intervención resultó decisiva. Confirmó la capacidad para coordinarse de los tres grandes bancos centrales: la Reserva Federal de Estados Unidos, el Banco Central Europeo y el Banco Central Chino. Fui consciente entonces de que, intentando detener aquel proceso de pánico, cuyos límites ignorábamos, en aquella mesa se estaba reorganizando todo el tablero geopolítico. Aquella noche, China se ganó el aplauso occidental por cuanto aportaba de garantía. Era francamente significativo que se encontrara en disposición de inducir la coordinación de las políticas de los bancos centrales.

Durante los años inmediatamente posteriores, se fueron sucediendo los acontecimientos de índole económica, pero fue en aquella cumbre donde se organizaron dos factores que resultaron de capital importancia: la intervención de los bancos centrales en los mercados y la puesta en marcha de planes de estímulo y recuperación de la economía, que, sin embargo, fueron bastante tímidos en Europa, si los comparamos con los que se implementaron años después a consecuencia de la pandemia.

La reunión del G20 en 2008 marcó el principio del fin, dio el pistoletazo de salida a todo el proceso de zozobra que trato de explicar, a todo aquel desencanto luego agudizado por la pandemia, por la crisis económica que la siguió y, en última instancia, por la guerra de Ucrania, del que se fue impregnando Occidente; ese malestar de fondo que, en gran medida, sirve para explicar la emergencia o reemergencia de fuerzas populistas de extrema derecha que estamos viviendo. De manera simbólica, fue en aquella cumbre cuando Occidente debió asumir la posición de liderazgo de China, lo que en un primer momento hizo de buen grado.

La segunda fecha realmente significativa que recuerdo en este sentido fue la de la cumbre sobre cambio climático, celebrada en Copenhague en diciembre de 2009, cuyo principal objetivo era el de garantizar al mundo la reducción de emisiones de gases con efecto invernadero, y así evitar un cambio climático de proporciones catastróficas para el conjunto del planeta. Fui testigo entonces del cambio que se avecinaba y advertí también que, como responsables políticos, debíamos permanecer leales a nuestros pueblos y a nuestros compatriotas, y conseguir llegar a acuerdos que redujeran las emisiones nocivas a la atmósfera y permitieran la transición del carbón y el petróleo a las energías renovables, financiando el proceso en los países más pobres y en aquellos que se encontraban en vías de desarrollo.

Vi cómo cambiaba el mundo en una sola noche de debates. En aquel contexto de lucha contra el cambio climático se había agudizado la dialéctica Norte-Sur —más que ahora, si cabe— entre países industrializados y países en vías de desarrollo. El Norte pretendía que el mundo entero aplicara una política de reducción de emisiones, pero los países no industrializados del Sur denunciaron que aquello no era justo, que Occidente llevaba décadas industrializando a costa de emitir gases nocivos y que ahora se les iba a prohibir a ellos seguir por ese mismo camino que les sacaría del atraso. Reivindicaron que no podían parar su industrialización y, lo que es más relevante, que Occidente carecía de legitimidad para exigírselo. El ritmo del Sur en la reducción de emisiones tendría que ser distinto al del Norte.

Aquella reunión representó la antesala del declive de Occidente, del cruce que se vería posteriormente entre China y Estados Unidos, del ascenso y del descenso.

La gran dialéctica, por la que pasamos toda una noche en vela, se personificó en la figura de Lula da Silva, entonces presidente de Brasil, junto con algunos representantes africanos. Pero más significativo aún que las reivindicaciones de Lula fue el intenso debate que mantuvo Barack Obama con el viceministro de Asuntos Exteriores chino, He Yafei. Ahí entendí que el cambio del mundo era ya imparable, tras el solemne repaso intelectual a la historia de la colonización que nos regaló el político chino, explicando con claridad el proceso por el que unos países habían conseguido desarrollarse y otros no, lo que ponía en evidencia una tremenda injusticia. Fui testigo de cómo China ganaba en dialéctica a Estados Unidos, lo que supuso la confirmación de que algo muy serio estaba pasando. El argumento fundamental esgrimido por He Yafei fue entonces la necesidad de revisar el colonialismo y la actuación imperialista de las últimas décadas. Hoy en día, los occidentales apenas tenemos ya presente que China, que es casi un imperio en sí misma, tiene una historia moderna y contemporánea anclada en la guerra civil, en la lucha por ser independiente del colonialismo británico y librarse de los intentos de conquista perpetrados por Japón; todos procuraron que China proporcionara la carga más barata, hasta que llegó el momento en que el Partido Comunista chino inició la Revolución comunista.

Hasta 1850, es sabido que China fue una gran potencia, pero a partir de la segunda mitad del siglo XIX entró en un declive que la condujo a convertirse en una colonia joven. Las dos guerras del Opio de mediados de siglo, que enfrentaron al imperio chino y al británico por intereses comerciales y para hacer frente al contrabando británico del opio, están grabadas a fuego en la conciencia popular china. Por eso siempre he dicho que el Partido Comunista chino, el que hizo la Revolución, ganó la guerra civil a los que finalmente se refugiaron en Taiwán. Una vez movilizada la sociedad contra la dominación extranjera, alcanzada esa mayoría de edad y derrocado el Gobierno conservador, el Partido Comunista chino reivindicó la independencia sobre la que se fundamentaban sus ideales. Nunca más serían una colonia, no volverían a ser dominados. Y estoy convencido de que nunca volverán a serlo. Han sido y siguen siendo una potencia autónoma, aunque se resistan a ejercer de potencia en la comunidad internacional.

Si añadimos a aquellos hechos cierta perspectiva histórica, es evidente que la determinación demostrada entonces por el pueblo chino en busca de un destino propio coincidió en el tiempo con la época de auge del comunismo como gran motor liberador. Toda una utopía. Se produjo entonces la confluencia inevitable del comunismo con todo aquello que se presentaba como una alternativa a Occidente, con aquellos que, de alguna manera, intentaban establecer una especie de imperio colonial en China.

Recuerdo que hace años Raúl Castro me dijo: «Zapatero, nosotros nos hicimos comunistas porque era lo que más les molestaba a los del Norte». Y es que, en realidad, solo como oposición al Norte pudo cuajar el comunismo en un lugar como el Caribe.

El Partido Comunista chino nació de una contradicción con las propias teorías comunistas, porque la liberación que reclamaba el pueblo no era tanto económica, a pesar de encontrarse en un momento de pobreza, como nacional, en contra de verse sometidos por potencias extranjeras. Resulta increíble pensar que la cultura milenaria de un país gigantesco haya podido verse alguna vez sometida a las directrices de otros países. De aquella situación deriva la escasa confianza que tradicionalmente ha mostrado China hacia los valores occidentales y su posición distante ante ellos. Pese a haber adoptado políticas propias de la economía de mercado, esa actitud recelosa hacia Occidente se ha visto reforzada al haber conseguido llevar a cabo en treinta o cuarenta años un mayor nivel de desarrollo que ningún otro país en la Historia, poniendo en cuestión todo el pensamiento liberal occidental.

Occidente ha despuntado en los últimos tres siglos gracias a la Ilustración, a la Revolución Francesa, a la Revolución Industrial... Gracias a haber favorecido sociedades en las que primara la libertad de expresión, con ideas y políticas todavía implanteables en China. Pero nos ha faltado una revisión crítica. Hemos venido caminando con el sistema capitalista y, gracias a él, hemos conseguido alcanzar unas altísimas cotas de desarrollo. Pero de todos es sabido que el sistema capitalista adolece de unos defectos congénitos muy claros para los que no ha habido ninguna revisión.

Los países occidentales han preferido evitar la autocrítica con respecto a su actitud colonial, pese al perjuicio que ha supuesto en el tratamiento a muchas regiones y otros muchos países, y considero que, en gran medida, eso explica el distanciamiento cultural que existe, más allá del origen de cada uno. Nuestras culturas son diametralmente distintas. Sabemos que en los valores chinos prima lo comunitario; el individualismo es un concepto que no funciona. Tienen otras reglas. Pero, al mismo tiempo, existe un gran desconocimiento de lo que es la historia de China, de las causas que explican su manera de hacer las cosas. En esta tesitura, lo peor que podemos hacer desde una perspectiva que se considera abierta es rechazar sin conocer, algo que, de entrada, se opone al propio pensamiento ilustrado del que tan orgullosos nos sentimos. No se puede criticar sin haber evaluado la Historia, y, por descontado, la peor actitud es la de creer que Occidente podrá avanzar interpretando el mundo con la lógica de una oposición insalvable entre bloques, propia de rivales sistémicos.

Si se me pregunta cómo se gestó la divergencia entre China y Occidente, advierto de entrada que no debemos olvidar que, entre las grandes contradicciones que el sistema demoliberal se resiste a poner encima de la mesa, se encuentra el hecho de que China sigue siendo el socio comercial más importante de Europa. Si tanto nos molesta su falta de democracia, cómo es posible que les sigamos comprando?

La imagen de China como rival en realidad ha empezado a construirse desde que le disputa la hegemonía económica a Estados Unidos. Debemos entender que no se enfrentan por un hecho político, no hay ninguna estrategia política bajo la realidad que percibimos. Porque es la propia evolución de la Historia la que nos ha traído hasta aquí. China tiene a su favor el dividendo demográfico, mil cuatrocientos millones de habitantes, además de capital tecnológico y un altísimo nivel educativo, como denotan los once millones de estudiantes universitarios chinos que se licencian cada año, al más alto nivel de cualificación. En esta línea, la política del hijo único, que han mantenido por decreto debido a la incorporación de la mujer al mercado de trabajo, ha tenido como consecuencia que las familias hayan invertido todos sus esfuerzos en esos hijos únicos, en general, con buenos resultados. El problema al que se enfrentan en estos momentos es, precisamente, conseguir integrar en el mercado laboral a esos once millones de universitarios en el desarrollo de infraestructuras, con las que han ido transformando prácticamente todo el urbanismo de las grandes ciudades chinas. Es el caso de Shenzhen, uno de los mayores polos tecnológicos del país, que hace años tuve la suerte de visitar. Shenzhen era solo un pueblo a principios de los noventa; fue diseñado para acoger grandes empresas tecnológicas y para desarrollar avances en medicina. En la actualidad tiene dieciocho millones de habitantes alojados en viviendas de nueva construcción. Es justo reconocer que el esfuerzo ha sido espectacular, digno de admiración.

La carrera tecnológica, ¿una nueva Guerra Fría?

Son muchos los países emergentes que, como China, cuentan con el dividendo demográfico. India, por ejemplo. En el caso de India, este es quizá el factor más determinante de su gran potencial a medio plazo. Mientras que dentro de veinte años China librará una importante batalla contra la baja natalidad y la mayoría de los países occidentales contarán con una población muy envejecida, India será un país marcado por la gran franja de población joven. Su población actual de 1.450 millones de personas se prevé alcance la cifra de 1.780 millones en 2045. Salta a la vista el gran número de jóvenes que tendrá entonces. Esta será una de las mayores fuerzas comparativas de India en el mundo a mediados de este siglo. La capacidad que se deriva de la juventud de su población es colosal, pero a partir de ahora deben desarrollar también el dividendo del talento para resultar verdaderamente competitivos; para convertir en acto la potencia de todas esas personas altamente cualificadas. No es extraño, por tanto, que se hayan volcado en la innovación tecnológica.

Frente a los ataques de Estados Unidos, que les cierra mercados por no permitirles comprar en Taiwán, fabrican microchips, recaban a los mejores ingenieros e ingenieras del mundo y, probablemente, lo que en un principio se planificaba a diez años vista, hoy se consiga en tres. Esa aceleración es la consecuencia fundamental de la era tecnológica. No es casual que de las veinte empresas que más patentes de inteligencia artificial están produciendo en estos momentos, diecisiete sean chinas, solo dos estadounidenses, y una de Corea del Sur. No sorprende ya que ninguna sea europea.

Es necesario detenerse a reflexionar sobre esto. Vivimos una situación de guerra tecnológica, cuyo comienzo coincide, sin duda, con el del liderazgo chino en alguno de los grandes sectores de innovación tecnológica. Podríamos incluso establecer un paralelismo entre la situación actual de rivalidad chino-norteamericana y lo ocurrido entre Estados Unidos y la Unión Soviética con la carrera espacial. Pero hay serias diferencias entre aquel momento y el actual, y Occidente debería detenerse a pensar siquiera un momento en ellas.

En realidad existe una distinción fundamental entre la situación que se vivió durante la Guerra Fría y la de ahora, que tensa las relaciones entre Estados Unidos y China, con su consiguiente repercusión en la comunidad internacional. En términos políticos, nada tenían que ver el bloque soviético y Occidente, o el Pacto de Varsovia y la OTAN. Se trataba de sistemas políticos antagónicos. La Unión Soviética pretendía extender el suyo allá donde hubiera una mínima posibilidad. Tuvo sometidos a todos los países del Este e incluso extendió sus tentáculos por África. Penetró en Latinoamérica gracias a su alianza con Cuba, que a su vez fue el germen de las trece guerrillas que iniciaron trece procesos revolucionarios insurgentes en toda Latinoamérica. Casi se nos olvida. Esta influencia, que comenzó en los años cincuenta, perduró hasta la década de los ochenta y dejó una impronta inequívoca. Y si hablamos de África, la influencia soviética también ha sido manifiesta en países como Angola o Mozambique.

No cabe duda de que la URSS fue un imperio expansionista. La actitud china, sin embargo, es radicalmente distinta de la soviética. China cuenta con un modelo político muy diferente al demoliberal, pero no aspira en ningún caso a establecer, por ejemplo, un mandarinato en Bolivia, ni a que los países africanos se conviertan al confucionismo; y esta es una gran diferencia. La URSS, sin embargo, sí pretendía ganar la batalla ideológica con su expansión. La diferencia es sustancial.

Es comprensible que buena parte de la ciudadanía de los países occidentales prefiera una China con otros valores, con un sistema político distinto, más cercano a la democracia liberal, como el que representa, bien es verdad, solo al 30 % de la población del mundo. Pero es tan imposible como inaceptable pretender borrarlos del mapa geopolítico. Si actuáramos así, sería irrealizable la coexistencia, la convivencia en paz.

Resulta evidente que si cualquier potencia intenta instaurar su modelo político con el uso de la fuerza o mediante la computación económica, haya que establecer un sistema de defensa. Pero no es esto lo que ocurre entre Washington y Pekín. Ahora está en juego el liderazgo mundial.

En su día, Estados Unidos pudo haber competido por la supremacía, ganando la carrera espacial que supuso, en parte, el ahogamiento de la Unión Soviética, porque esta acarreaba una serie de debilidades económicas que no presenta en la actualidad la economía china. Se ha demostrado que China ha abierto su economía para hacerla competitiva e innovadora, una verdadera economía de mercado, y es solo cuestión de tiempo que Estados Unidos deje de ser su competidor. Salvo hecatombe o conflicto internacional que lo impida —algo para mí, impensable—, la primacía a medio plazo será china. Estados Unidos sigue intentando inútilmente revertir esta tendencia, pero las pruebas de que está ocurriendo son demoledoras. Son conscientes, además, de que la influencia del liderazgo chino en África y Latinoamérica también es inevitable.

Pese a lo que pudiera parecer, esta situación no debería preocupar a Occidente, dado que China no aspira a transformar nuestro color político ni a derrocar gobiernos; su pauta es distinta, como decía, porque sus políticas internacionales están planteadas desde el punto de vista de un orden multilateral.

Así pues, nuestra mirada hacia China debe ir cambiando desde la desconfianza, la confrontación, la rivalidad y el temor hacia las políticas de colaboración. El paradigma evolucionará. Aún ignoro cuándo alcanzaremos ese hito y cuál será el detonante, pero insisto en mis sospechas de que será necesario esperar a una era post-Trump para reformular la teoría del orden geopolítico y, a partir de ahí, reconstruir el sistema internacional de normas, cooperación y garantías en el marco integrador de Naciones Unidas.

Frente a la actitud de China, Estados Unidos no se ha esforzado lo suficiente en política exterior, sino que ha seguido actuando siempre de manera hegemónica. Como nación, viven obsesionados con disponer de los recursos necesarios para que el gigante que es pueda producir lo suficiente para que la ciudadanía, y en particular su clase media, pueda consumir. Esa capacidad de abastecimiento es su primera obsesión. La segunda es la frustración a la que se enfrentan con la evidente decadencia del imperio del dólar, cada vez menos potente.

La pandemia ha sido determinante en la aceleración de los temores de Estados Unidos, tanto en lo relativo a sus consecuencias económicas como a las geopolíticas, las más notables, por la toma de conciencia territorial que ha supuesto para la ciudadanía.

Ignoramos aún si hablaremos a medio plazo de una nueva gran guerra, pero sería imprudente obviar que ya nos encontramos en la antesala de una confrontación que puede llegar a alcanzar inequívocamente una dimensión bélica mundial. Por ello es urgente que Estados Unidos promueva una alternativa a la lógica de la confrontación total con Rusia y con China, especialmente con China.

Esta situación se ha visto exacerbada por la era Trump. No en vano, todas las medidas que ha estado aplicando Estados Unidos no eran estrictamente económicas, sino que iban un paso más allá, destinadas a provocar el deterioro económico de las democracias, escollos para las propias democracias liberales. Lo que se ha estado llevando a cabo es una forma de autolesión de la propia democracia en un momento de particular zozobra a nivel internacional, porque la manera más evidente de autolesionar los valores de tu nación es hacer creer que tu mundo es pequeño o contribuir a que se piense que en Europa se acaba todo tu mundo; que vas a ser capaz de sacar adelante un proyecto de progreso, económicamente sólido y socialmente viable, recurriendo solo a códigos propios, en lugar de abrazar la heterogeneidad.

La acción de Trump está basada en la antipolítica, e incluso el sistema judicial estadounidense ha sido insuficiente para frenarle; por lo que podemos concluir, más a tenor del resultado de las últimas elecciones, que la capacidad de las instituciones para contener el fenómeno Trump ha fallado.

Esta realidad puede ayudarnos a entender la falta de empuje cosmopolita que hay en la actualidad; la carencia de apertura y de una visión acorde con el siglo XXI, más consecuente con sus lógicos desarrollos aperturistas. Y es que resulta difícil calcular hasta qué punto la crisis económica de 2008 y 2009, primero, y la pandemia, después, han trastocado muchos de nuestros comportamientos sociológicos.

Asumiendo que Estados Unidos fue tradicionalmente el faro de las sociedades democráticas libres, debemos aceptar que los últimos años está sufriendo una crisis muy poco esperanzadora, que afecta tanto a la ciudadanía propia como a la del resto del mundo.

Esta etapa de desorden internacional en la que nos encontramos no ha sido, claro está, la primera de la Historia con estas características. Quizá sí se trate del momento más intenso del que van a ser testigos unas cuantas generaciones, las de los que no vivimos la Segunda Guerra Mundial. Pongamos que, desde el final de la Guerra Fría, no nos habíamos enfrentado a una crisis internacional tan significativa.

Es cierto que el atentado contra las Torres Gemelas ya marcó un punto de inflexión cuyas consecuencias fueron muy serias para la estabilidad internacional, pero si hablamos de geoestrategia, siempre se ha logrado que las piezas acaben por recolocarse. Esperemos que en esta ocasión el reajuste se consiga mediante un proceso político y no de forma dramática; que los miembros occidentales de la comunidad internacional dejen de pronunciarse de manera autónoma, aislada; que dejen de considerar a China como un rival, y que Estados Unidos deje de valorar la opción de la rivalidad como el recurso con el que mantener su hegemonía.

Desde Occidente es preciso que asumamos de una vez por todas lo que es China, con su población al menos cuatro veces superior en número a la de Estados Unidos y dieciséis puestos por encima en el *ranking* internacional de desarrollo tecnológico.

En ocasiones, los Estados se comportan como individuos; el ser humano tiene cierta tendencia (o tal vez inercia) a conservar su estatus mediante el inmovilismo, un estatus que, dependiendo de las circunstancias económicas, políticas, sociales y culturales, muta o desaparece. Entonces nos sentimos amenazados y nuestras identidades se refuerzan de manera ilógica: los hombres se sienten asediados por los avances en derechos de las mujeres; los ciudadanos de un país se sienten asediados por la inmigración, y las potencias económicas históricas se sienten asediadas por el poderío tecnológico chino. Pero esta búsqueda incansable del enemigo para constatar nuestra propia posición en el mundo es una falacia basada en algo tan fácil de manipular como el lenguaje. Es mucho más eficaz mirar los datos, los hechos constatables.

Europa representa solo el 5 % de la población mundial (junto a Estados Unidos, entre el 12 y el 14 % del total) y hemos llegado a acaparar el 60 % de la riqueza del mundo. El problema esencial al que nos enfrentamos no es otro que el de la distribución global del bienestar y de la riqueza, en un marco de restricción para la sostenibilidad a causa del cambio climático. La solución demanda implementar políticas valientes. En esta línea, el Fondo Monetario Internacional acaba de emitir un informe con el listado de bancos que trabajan en temas de sostenibilidad, lo que hoy ya resulta más rentable también en términos estrictamente económicos. En la actualidad, ya es más lucrativo invertir en energías renovables, apartando el carbón en un mundo en el que sigue siendo incuestionable el poder de las compañías petroleras.

El declive de la hegemonía occidental no se manifiesta, sin más, de la noche a la mañana, pero los miembros del G7 sí deberían centrar sus esfuerzos en minimizar el impacto de este cambio histórico en nuestras economías y nuestras democracias, garantizando el mantenimiento del bienestar. Creo firmemente que en el fomento de la confrontación se irán perdiendo esas dos grandes premisas, la democrática y la de la abundancia.

La lógica de competición imperial que mantiene Estados Unidos con China cambiará. Cuando eso ocurra, quién sabe si se acordará implementar incluso un plan Marshall en África con el que consigamos, por fin, una inmigración ordenada. Porque China ofrece su propio modelo de multilateralismo, con la llamada Iniciativa de la Franja y la Ruta, su proyecto estrella en política exterior para el siglo XXI, en el que ya se han embarcado unos 150 países de todo el mundo. Ya cuentan con presencia en África y están interesados en el desarrollo del continente por su gran riqueza en recursos naturales. China y Europa, de manera coordinada, pueden hacer prosperar su colaboración en África, dentro de un gran plan de fomento del desarrollo del que está llamado a ser el otro gran continente demográfico.

La imagen que percibimos de la propia China también debe cambiar. Sus índices de pobreza siguen trasladando que es un país pobre, un país de renta media-baja; sin embargo, en los últimos treinta años ha sacado de la pobreza a setecientos millones de personas, algo de lo que ningún otro país ha sido capaz. En particular, como ya he mencionado, el desarrollo urbanístico de las últimas dos décadas ha sido desmesurado.

Es evidente que su modelo no ha resultado del todo útil para reducir las desigualdades en las aspiraciones que, teóricamente, debería asumir un partido comunista en el poder, pero si comparamos la evolución de los índices de pobreza chinos con los registrados en Estados Unidos en los últimos veinte años, la conclusión es reveladora. En las comparativas, el dato norteamericano que llama especialmente la atención —y que dice mucho de su sociedad— es que la diferencia de expectativa de vida entre

el 1 % más rico y el 1 % más pobre en hombres es de catorce años, ochenta y cinco frente a setenta y uno. Este
indicador es uno de los más útiles para valorar la desigualdad presente en cualquier sociedad, y en este caso
sirve para poner en evidencia a Estados Unidos con respecto al resto del mundo.

Ante este horizonte, resulta tentador preguntarse si la
contención de que hace gala Estados Unidos frente al exterior la están dirigiendo algunas empresas por encima de
la política. Es cierto que apenas existen empresas públicas
en Estados Unidos, frente al panorama variopinto de empresa pública y privada que presenta la geografía empre-
sarial china, pero la diplomacia estadounidense, debido
a su mayor experiencia, suele ser mucho más agresiva con
sus interlocutores. Este es, en la actualidad, el gran punto
fuerte de Estados Unidos, pues está más rodada en la defensa de los intereses de las empresas norteamericanas
que la diplomacia china en la defensa de sus empresas
nacionales.

El cambio de China es lo más importante que ha ocurrido a nivel mundial en todo el siglo XXI. Sin embargo,
desde el punto de vista occidental, siguen existiendo muchas reticencias lógicas.

No es posible negar que el modelo político presente en
China dista del que desea la gran mayoría de ciudadanos
occidentales, pero también debemos admitir que la defensa inteligente de la democracia pasa necesariamente por la

cooperación, y China es en este momento defensor del multilateralismo en cuestiones como la lucha contra la pobreza, el desarrollo de África, el cambio climático, los reajustes del sistema financiero, las medidas contra la desigualdad global, el desarrollo tecnológico y un largo etcétera. Europa, que atesora tantísimo talento, saldría muy beneficiada si se pusieran en marcha verdaderas políticas de cooperación global.

Dicho con otras palabras, la autonomía política de Europa resulta incompatible con seguir asumiendo el discurso que convierte al marroquí en un peligro, al africano en un inmigrante ilegal, al chino en una amenaza y al ruso en un asesino. Así es imposible generar un mínimo de certidumbre, confianza y seguridad en las democracias.

Si, como occidentales, nos autodenominamos críticos, demócratas y defensores de nuestra autonomía política, esta es la única vía posible, la de una actitud propicia a la cooperación y el multilateralismo que favorecería la proliferación de las democracias a nivel global, lo que a su vez serviría para reforzar algo tan ineludible como son los valores de la Carta de San Francisco. El debilitamiento de las democracias redundará en lo contrario. La reacción de Estados Unidos ante su propia e inevitable decadencia es la que ha alimentado el trumpismo y está infectando internamente las democracias en todo el mundo.

Sirva como marco para estas reflexiones el hecho de que, tras la Segunda Guerra Mundial, Occidente fue capaz de crear las Naciones Unidas junto con la Unión Soviética y China, sus socios fundadores también. En aquel momento histórico, ante una desolación material y espiritual sin precedentes, primó la necesidad de darle al mundo una estabilidad y un orden que sirvieran para preservar un modelo de vida en paz.

Oriente Medio en la geoestrategia occidental

Debo admitir que, ante hechos como los que estamos viendo, se me agota la capacidad de entender y racionalizar. Procuro disponer siempre de interpretaciones, forzándome a distinguir las causas de cada suceso para analizarlas después. Pero en este momento me declaro completamente aturdido y sin respuesta. Intuyo que las consecuencias serán muy graves para Israel como proyecto de país, como nación y como democracia. Y, por supuesto, también lo serán para todo Oriente Medio y para Occidente, donde, pese a haber escuchado algunas voces excepcionales, hemos contemplado con una distancia y frialdad inusitadas la tragedia de decenas de miles de seres inocentes muriendo a manos de un país que es una democracia y que, en teoría, cumple con todos los estándares de nuestro entorno cultural.

Es difícil todavía pronosticar cuáles serán las consecuencias de esta guerra. La posición de Estados Unidos no es, desde luego, la de oponerse claramente frente a la guerra como instrumento de combate contra el terrorismo, sino que sigue actuando de manera coherente con su lealtad casi atávica hacia Israel, en términos de geopolítica económica. Aduce como argumento, con el que intenta aplacar la opinión pública, que apoyar la posición contraria conllevaría un riesgo mucho mayor para Occidente. Pero si profundizamos en el verdadero motivo de Estados Unidos para apoyar a Israel en esta guerra contra Gaza, encontramos una vez más la huella insoslayable de los atentados del 11 de septiembre. Aquella tragedia aún permite interpretar muchos de los acontecimientos geopolíticos que han tenido lugar en los últimos años, especialmente en Oriente Medio. Desde esa perspectiva es posible explicar la desconfianza hacia todo lo musulmán, un tema de difícil abordaje. Basta con revisar la enorme cantidad de producción cinematográfica y editorial que en las últimas dos décadas ha puesto el foco en el 11S, en la guerra de Irak o en el islam en su conjunto como un problema, hasta el punto de que parece asumido que, en la actualidad, debamos mantener constantes guerras frías con los países musulmanes.

La voluntad norteamericana está secuestrada para que Israel no corte los vínculos. Sin embargo, tengo la certeza de que buena parte de la élite política estadounidense piensa que lo ocurrido en Gaza es una barbaridad, un horror.

Desde el punto de vista de Europa, teniendo en cuenta la historia que arrastramos antes y después de la caída del muro de Berlín, no podemos olvidar lo que nos ha hecho grandes y respetados en el mundo: nuestro modelo democrático, nuestra capacidad de integración, la defensa de la solución pacífica de los conflictos y ser los mayores donantes en la cooperación al desarrollo.

Cuando estos pilares son cuestionados, Europa pierde parte de su autoridad moral.

Más allá de la fatalidad del clima bélico que se respira, la guerra en Gaza nos está llevando a un límite cuyas consecuencias, qué duda cabe, cambiarán trágicamente Oriente Medio, incluido el Estado de Israel. Vivimos un momento lamentable, en el que ya no solo se cuestiona el derecho internacional, que, por supuesto, ya se había volatilizado en la región, sino que, para desgracia de los gazatíes y vergüenza de la comunidad internacional, en las democracias se está cuestionando el derecho internacional humanitario. Israel ha estado matando niños con bombas día sí, día también, y son muy pocos los que se atreven a denunciarlo ante la Corte Penal Internacional. Se está aplicando, a todas luces, una doble vara de medir y, siempre que esto ocurre, la vara que sale debilitada es la que más protege a los ciudadanos, a todos los ciudadanos del mundo.

Aplaudo y admiro la posición coherente que ha mostrado el Gobierno español respecto a Gaza, y, al mismo tiempo, lamentaría que, como gobierno europeo, junto a sus socios, no pueda liderar políticas internacionales sin contar con los dirigentes de la mayoría de la población mundial. Si Europa está en minoría en el mundo y sus tesis no son compartidas por la mayoría, no va a ser capaz de sacar adelante un proyecto político, y esto es, precisamente, lo que está ocurriendo en este momento en la comunidad política internacional, cuyas principales instituciones se encuentran debilitadas, desde el Consejo de Seguridad de Naciones Unidas hasta la Organización Mundial del Comercio.

Por ello, me ha reconfortado mucho el hecho de que Noruega haya reconocido por fin el Estado palestino. Noruega es el país cuyo esfuerzo y experiencia han sido más notables para la solución pacífica de los conflictos. La diplomacia representa para ellos una rama más de la Administración, y casi cuentan con un ministerio desde el que desarrollan este tipo de funciones.

Admiro a Noruega sencillamente porque desearía que todos los gobiernos desplegaran los medios equivalentes para facilitar el diálogo y la paz. Cada vez que se hace gala de una política avanzada como la de Noruega, pero también la de Suecia o Suiza, me siento en la obligación moral de reconocérselo y agradecérselo públicamente.

Necesitamos muchas más posiciones como la de los gobiernos de España y Noruega para unirse a la causa.

Nuestro país, en particular, ha demostrado que gana respeto entre la comunidad internacional defendiendo posiciones contrarias a las de cualquier subordinación. Así lo expresé el día en que Pedro Sánchez reconoció el Estado de Palestina. Hemos ganado el aprecio y la consideración de millones de ciudadanos del mundo, y hemos perdido el de muy pocos. Ha sido un gran paso que, una vez más, ha puesto en evidencia cuán importantes —y rentables— son las decisiones coherentes con unos principios. El reconocimiento del Estado palestino es coherente con la legalidad internacional, con los valores de la Carta de San Francisco y con la defensa de los derechos humanos. Y, además, es rentable, porque ha sido reconocido, apreciado y valorado. En política exterior son escasas las oportunidades de tomar decisiones que cumplan esos dos grandes objetivos, pero es lo que se espera de un país europeo que se respeta a sí mismo.

4

El diálogo con el Sur

Somos incapaces de desentrañar la complejidad del mundo, así que nos contamos un
cuento simplificador para poder decidir y
reducir la ansiedad que nos crea que sea
incomprensible e imprevisible.

DANIEL KAHNEMAN

La brújula señala al Sur

La globalización ha sido en origen puro afán liberal. Cuando ha empezado a producir los efectos que desde un principio se le habían atribuido —que el comercio libre crearía riqueza y desarrollo—, lo ha hecho de manera más significativa en países que eran pobres, con la consiguiente perplejidad para los países tradicionalmente ricos, que sienten un estancamiento de su bienestar y una incertidumbre hacia el futuro.

Hemos entrado ahora en la fase de desglobalización, que ha venido cargada de un tipo de proteccionismo que podemos caracterizar como consecuencia de la pandemia. Pero hay algo en crisis en este momento que es más profundo incluso que el propio liberalismo, algo que trasciende las ideologías, aunque estas respondan de manera consistente a la evolución histórica que vivimos en política internacional. El problema de fondo que está impregnando los cambios políticos actuales es la forma en que Occidente ha reaccionado a la inevitable transformación del mundo, provocando un desconcierto cuya consecuencia más directa es que algunos políticos incurran, como mínimo, en grandes contradicciones y que sus respuestas no vayan en la dirección del progreso y la convivencia pacífica.

Ante el nuevo mapa político global, inmersos en una nueva era económica y tecnológica, es indispensable una nueva mirada. Occidente ha decidido aplazar esa nueva mirada y resguardarse, defendiendo las democracias liberales frente al Kremlin, a China y a economistas de todo el mundo y, sin embargo, urge un cambio de perspectiva.

Es innegable que la autoridad de Occidente sigue un ciclo de declive y resurgimiento a lo largo del tiempo. Hoy en día resulta evidente que estamos atravesando una fase de debilitamiento. Los países emergentes están ganando riqueza rápidamente, mientras que Occidente, consciente de la importancia de contar con sociedades prósperas, observa con preocupación un futuro que parece alejarse de sus ideales de crecimiento y bienestar sostenidos. La promesa de un progreso permanente comienza a desvanecerse. Enfrentamos un problema demográfico debido al envejecimiento de nuestras sociedades, junto con la aparición de nuevos competidores globales. Ante estos desafíos, Occidente está reaccionando de una manera que agrava sus propias tensiones estructurales, generando disfunciones que solo intensifican los problemas.

Este es el panorama político objetivo que vivimos en la actualidad, una reconfiguración del mundo ante la que Europa debe reaccionar para seguir despuntando. Ardua tarea mientras en Estados Unidos no se vislumbre también esa nueva mirada apremiante; algo que tras las últimas elecciones parece alejarse cada vez más de la realidad.

Llegado el momento, tendremos que elaborar un esquema de convivencia con Rusia, fundamental para tratar de reconstruir una comunidad política internacional donde el Sur sea reconocido y donde China no sea considerada tan solo un rival, porque solo hay débiles argumentos para hacerlo.

Nadie discute algunos logros conseguidos en América Latina por las sucesivas administraciones estadounidenses, pero también son incuestionables sus grandes fracasos, como los intentos fallidos de reducir el crimen organizado. Una de las principales causas de la proliferación de las mafias es, en gran medida, el consumo de drogas por parte de los estadounidenses, lo que sucede con más fuerza, curiosamente, a lo largo de la frontera sur del país, donde esas organizaciones criminales se abastecen de todas las armas que les parecen necesarias. No en vano, Estados Unidos tiene fama de país liberal, y precisamente donde más liberal demuestra ser es en la venta y uso de armas.

En consecuencia, insisto en que, dentro de una perspectiva de alcance global, cumpliendo con su rol de gran potencia, Estados Unidos debería esforzarse en cambiar la relación que mantiene con China y en facilitar una cooperación positiva desde la que sustentar un orden internacional estable. Este cambio de actitud conllevaría necesariamente una nueva forma de percibir Latinoamérica, donde ha cosechado fracasos notables y donde, como es sabido, la mayoría de los Gobiernos no son adeptos a la causa norteamericana, pese a la enorme presión que soportan y a la cercanía que comparten.

Las circunstancias económicas han ido creando un espacio distinto del hegemónico que han ocupado Estados Unidos y el dólar, a través del Fondo Monetario Internacional o del Banco Mundial. China ha ido atesorando como principales aliados a los BRICS y, en particular e inequívocamente, al Brasil de Lula da Silva. La demonización a la que se ha visto sometido Lula en estos últimos años durante todo el proceso judicial, incluidos el *impeachment* a Dilma Rousseff y el acoso político a los líderes del Partido de los Trabajadores de Brasil, tiene mucho que ver con su buena sintonía demostrada con los chinos. Todos afirman tener contrastada la mano del Departamento de Estado. Hace pocos meses, de hecho, se han publicado las actas de la CIA donde, no por casualidad, Lula da Silva figura como uno de los personajes políticos más espiados del mundo por Estados Unidos. Esta asunción tan grave ha generado una desconfianza hacia el gigante norteamericano que no existía de manera natural ni en Brasil ni en el propio Lula y que señala claramente los tentáculos de la Administración demócrata de Barack Obama.

Los analistas más agudos aducen que esta actitud de Estados Unidos hacia Lula ha sido consecuencia de su cercanía con China, pero, en realidad, Lula, un líder completamente democrático, no ha dado muestras de ser el tipo de mandatario que pudiera infundir preocupación alguna a la Administración Obama. Había una gran esperanza depositada en su lucha contra la pobreza en un país tan enorme y difícil como es Brasil. Por ello, el placaje al que se le ha sometido es tan relevante en la evolución de la geopolítica. Es más, no hay forma de aproximarse a lo que estamos viviendo si no se conoce en profundidad el proceso triangular que se ha dado entre el Gobierno de Lula, el Departamento de Estado norteamericano y el Gobierno de China. No olvidemos tampoco que los BRICS, como prueba de su nivel de emergencia, han creado un banco muy potente con sede en Shanghái, presidido nada menos que por Dilma Rousseff.

En cualquier caso, hablamos de intervenciones de Estados Unidos en un continente que no comprende, quizá porque lo mira con ese aire de superioridad y condescendencia al considerar que está formado por Estados débiles, o tal vez por su institucionalidad complicada, su eficacia económica cuestionada o su corrupción extendida. Pero es incuestionable que las injerencias constantes de Estados Unidos en países de Latinoamérica han hecho imposible el entendimiento entre el Norte y el Sur de América, trascendiendo etapas históricas y momentos bélicos o pacíficos.

Hace unas décadas existía el bloque soviético. Cuba había logrado alimentar más de una decena de guerrillas revolucionarias, y Estados Unidos respondía con apoyos a golpes de Estado. Podía entenderse entonces que allí se libraba una parte, entre comillas, de la Guerra Fría. Pero, una vez resuelta esa situación, Cuba quedó totalmente minorizada y las injerencias perdieron cualquier sentido. En la actualidad, la mencionada intervención en Brasil hace imposible que Estados Unidos pueda potenciarlo como líder regional, algo que favorecería, sin duda, ese anhelado buen entendimiento.

El poder estadounidense está más repartido que en ningún otro sitio, y cada una de las agencias de información tiene su propia manera de operar, pero si prevalece la voluntad de solucionar muchos conflictos regionales, es preciso que Brasil pueda ser un país potente que ayude a gestionarlos. El evidente y conocido acercamiento a China de la Administración de Lula, una decisión soberana de Brasil, y la desconfianza norteamericana que ha generado son hechos inevitables por las sinergias económicas existentes entre Brasil y China. No obstante, la actitud que ha mantenido Lula en los últimos tiempos demuestra su voluntad de establecer una relación razonable con Estados Unidos, lo que explicaría el nombramiento como asesor del diplomático y exministro Celso Amorim, un hombre al que el Departamento de Estado valora y respeta. El punto de desencuentro, sin embargo, va a seguir siendo el factor

China y su emergencia, insisto, inevitable. El hecho de que en este momento gran parte de Latinoamérica esté practicando una política de brazos abiertos hacia el gigante asiático puede llegar a suponer la ruptura de Estados Unidos con el conjunto de la región.

China no va a frenar ahora. Es el gran inversor del momento, el gran socio comercial tanto para Latinoamérica como para África, y necesita seguir siéndolo. Esta circunstancia coincide con que, actualmente, Estados Unidos tiene muchos problemas internos y dos grandes prioridades exteriores: Ucrania y Oriente Medio. Pero el giro de la política estadounidense hacia la inmensa mayoría de los países de América Latina dictada por el nuevo presidente, Donald Trump, basada en un ostentoso desprecio, abre una nueva oportunidad para establecer una relación más intensa de estos países con la Unión Europea. El antiguo axioma de Estados Unidos, con la doctrina Monroe «América para los americanos», queda relegado por el nuevo credo «Solo Estados Unidos interesa». La gran cercanía cultural e histórica de América Latina con España y, por ende, Europa, debería llevar ahora a una nueva complicidad histórica donde la juventud del continente latinoamericano y el gran espacio de conocimiento y experiencia que es Europa, vuelvan a unir fuerzas.

En este contexto, resulta muy interesante profundizar en la posición de India, un gigante en el Sur, que mantiene tensas relaciones con Pekín, pero una posición política muy distante de las pretensiones occidentales norteamericanas. Se trata de una potencia en ascenso cuyo Gobierno no es progresista, pero sí está logrando importantes avances en el desarrollo del país y evita posicionarse incondicionalmente del lado de Occidente, consciente de la rivalidad que existe entre Estados Unidos y China, que ya es en estos momentos el primer país del mundo.

India es el gran desconocido, la primera potencia demográfica con el plus de ser un país donde esa gran población es básicamente joven, y su papel va a ser clave en la geopolítica de las próximas décadas. Se trata de una nación muy desigual, con mucha pobreza, pero también de una potencia tecnológica de la que se ha empezado a escribir lo que hace quince años se escribía de China. Es una democracia perteneciente, en principio, al sistema neoliberal, que mantiene una disputa histórica con la China fronteriza y que ha optado por la diversificación estratégica, siendo miembro a la vez de los BRICS y fundador del grupo Quad (compuesto con Estados Unidos, Japón y Australia) para el establecimiento de alianzas. Va a ser un gran actor, sin duda. Constituye en sí un metaverso, un universo de categorías propias que aspira básicamente a un multilateralismo eficaz que permita preservar las identidades y las dinámicas de desarrollo propias de cada cual. Su línea central enlaza con el cosmos del hinduismo, tronco mayoritario de un país con la presencia de otros grandes grupos religiosos, donde todo tiene cabida: la belleza y la fealdad, el orden y el desorden, la riqueza y la miseria y que lleva en política internacional a un rechazo a los políticas ofensivas y bélicas. Cuanto más avance en su desarrollo, más querrá fortalecer lazos con todos y no ser rehén de nadie. Por el momento su relación con la Unión Europea como tal es de baja intensidad, priorizando la relación con sus estados punteros, Alemania y Francia, pero la actual negociación de un gran acuerdo global donde el comercio, la inversión, la emigración y las transferencias tecnológicas pueden encajar un gran puzle, quizá acabe dando a luz una nueva potente relación con el conjunto europeo.

Hablamos de la integración del Sur frente a la desintegración del Norte. En el denominado Sur se encuentran países que, como India, van recuperando fuerza económica, presencia política y dirección a medida que avanza el siglo XXI, y que no han formado parte en toda su Historia del núcleo del G7. Han nacido nuevas alianzas, diferentes, triangulares y con un evidente sentido común. Este posicionamiento de India como no aliado de China, pero marcando distancias con Occidente, incrementa las posiciones alternativas en las que se encuentra, a nivel geopolítico, el llamado Sur Global.

Es necesario preguntarse por qué India no sigue la estela de Estados Unidos, aunque haya optado por fortalecer sus relaciones. Es importante para comprender la complejidad en la que se mueven los nuevos grandes actores internacionales en un mundo que ha dejado de ser eurocéntrico. La comunidad internacional debería profundizar en el debate histórico, político y económico que se da en India. Probablemente, sus reticencias a seguir la línea marcada por los estadounidenses tengan que ver con múltiples razones —desde la aprehensión a estar amordazado por algo exterior, a la tradición diferenciada en su recorrido cultural, a la juventud del nuevo estado creado en 1947—, aunque la necesidad de estar bien defendidos frente a China, con quien la rivalidad perdura por discrepancias relativas a las fronteras y debido también a políticas históricas, favorece una renovada atención a Estados Unidos. India y China han optado por coexistir porque son dos gigantes y porque no quieren autodestruirse como hicimos los europeos en el siglo xx, pero ambos buscan tener el máximo de asideros exteriores para extremar garantías. Y a pesar de ser los dos estados poco agresivos en el exterior, ambos han entrado en una importante dinámica de rearme a causa de la apuesta norteamericana por multiplicar el gasto en defensa. El ingente presupuesto militar norteamericano (tres veces superior al chino) combinado con el del resto de los países OTAN (otras tres veces superior al chino) llevan a una enorme superioridad militar de Occidente, ahora espoleada hacia adelante tras la decisión de la OTAN de duplicar el gasto en defensa, lo que lleva a China, que percibe el gasto de Occidente hoy como seis veces superior al suyo, pero que podría llegar a multiplicarlo por diez en un corto plazo, a incrementar el gasto en defensa. Y al incrementarlo China, India se ve abocada a optar por un nuevo rearme. La dinámica norteamericana ha espoleado a ambos, China e India, a adentrarse con intensidad en la peligrosa senda del rearme. Terrible realidad.

En el contexto de sus relaciones con Occidente, Estados Unidos mantiene una comunicación mucho más fluida con India que con China, algo que India, estratégicamente, conserva al interactuar con su vecino asiático. Sin embargo, India aún no está plenamente integrada en el orden global, lo que la convierte en el codiciado objeto de deseo de las grandes potencias. Su posición en la geopolítica internacional es crucial, ya que la dirección en la que decida orientar sus intereses tendrá un impacto significativo en el equilibrio global.

A pesar de su ascendente peso en el tablero internacional, India sigue careciendo de una definición clara en términos estratégicos, o más bien clara a efectos de concepción occidental. Su complejidad interna —veintidós lenguas con carácter oficial, y más de setecientas etnias diferenciadas, además de coexistir en su interior todas las principales religiones del mundo (hinduismo, islam, cristianismo, budismo)— hacen que su línea central de visión internacional sea la defensa de las identidades y la preservación de los propios espacios de cada nación. Esta enorme complejidad interna lleva a definir a India como un metaverso propio, poco dado a aventuras exteriores y enormemente celoso de evitar invasiones y dominios. Algo lógico en la piel de un país tradicionalmente invadido. Su desarrollo interno enfrenta numerosos retos, especialmente los elevados índices de pobreza extrema que afectan a más del 40 % de su población, aunque en la actualidad su porcentaje está en descenso sostenido. No ha experimentado el desarrollo vertiginoso de China, que ha logrado reducir drásticamente la pobreza, obteniendo con ello una seguridad social sin precedentes y fortaleciendo su capacidad económica para invertir en regiones como África y Europa, pero está logrando articular progresivamente un país más estructurado y moderno.

India no cuenta con la misma capacidad de proyección global que China, ya que sus esfuerzos están concentrados en resolver problemas estructurales internos, y probablemente tampoco aspire a tenerlos, pues su idiosincrasia es mucho más magmática que el pensamiento direccional imperante en China. Historia y religión juegan aquí un rol esencial en la configuración de la historia y de las actitudes, pues la multitud de dioses y semidioses que conforman la cosmología india al ser trasladada a su manera de ser y vivir —mucho más desordenada y diversa—, se encuentra lejana a intentos ordenados de dominación, siempre mucho más presentes en culturas próximas al rígido monoteísmo. A medida que India define su posición, el mundo la observa con atención, consciente de que cualquier decisión que tome podría alterar significativamente las dinámicas entre las grandes potencias y el futuro del orden global, si bien su férrea apuesta por el multilateralismo y la diversidad es de por sí un elemento tranquilizador en este complejo tablero mundial.

El verdadero problema al que se enfrenta India es que la complejidad de su realidad interna (sistema de castas, ausencia de una tradición imperial propia y unitaria, multiplicidad de religiones, etnias y culturas) hace más difícil la existencia de un modelo rápido de desarrollo, como sí lo ha podido hacer China. No obstante, no se observan en India retrocesos sino al contrario, un avance sostenido y regular hacia la modernización y la mejora económica que, combinado a la gran fuerza de juventud que tendrá a medio plazo, la configuran como un actor muy relevante de este siglo xxi. China e India representan dos modelos distintos que en gran parte se contraponen. China será sin duda la gran potencia a corto y medio plazo, pero India puede ser una gran potencia a medio y largo plazo cuando la primera empiece a conocer serias dificultades

La actitud de ambos respecto a la guerra entre Rusia y Ucrania ha sido muy significativa, al haber logrado mantenerse al margen de las pretensiones occidentales. No en vano, India es uno de los más importantes compradores de armamento de Rusia. Pero sobre todo hay que entender que el gran competidor o temor, según quiera verse, para India es China y la guerra en Ucrania ha llevado a un acercamiento entre Rusia y China que es visto con aprensión por India, quien por ende tiene el mayor interés en que ese acercamiento ni progrese ni se acentúe por lo que es esencial para ella demostrar a Rusia que sigue siendo un aliado fiable y privilegiado e intentar incluso fortalecer las relaciones. La prioridad es lograr que Rusia no esté ni atada ni en las manos de China y por eso en modo alguno podía alinearse con un Occidente empeñado en aislar a Rusia y por consecuencia en escorarlo hacia China. Además, Rusia es miembro del Consejo de Seguridad de la ONU y teniendo allí su «enemigo» principal con asiento propio (China) y no tenerlo India, es esencial no alejarse de quien lo tiene y con el que mantiene cercanía (Rusia). Es necesario, por tanto, poner en evidencia que, ante las resoluciones y sanciones que el Parlamento Europeo pueda establecer contra Rusia, hay países tan potentes como India o China, y también Brasil, que están ya en la otra parte de la Historia. Puede que no se trate del mejor escenario para Occidente, pero no nos conviene negar que el mundo ha cambiado, que la visión que aporta una de las partes esenciales de la geopolítica es distinta. En este contexto internacional, insisto en que la Alianza Atlántica debe revisar su convencimiento de que es posible lograr la paz y la estabilidad mundial únicamente con sus propias fuerzas, gastando en defensa más que cualquier otro organismo, mientras representa solo al 14 % de la población adulta del mundo. Y sobre todo cuando la población no está dispuesta a sufrir en carne propia la violencia de la guerra tal como ha quedado en evidencia cuando en el conflicto de Ucrania,

Estados Unidos ha dejado claro desde el primer momento que no habría ni una sola baja humana norteamericana.

Quizá algunos lectores piensen que, así las cosas, dada la línea que están siguiendo China, India y Brasil, sea necesario defenderse o, al menos, tomar ciertas precauciones. Sin embargo, más bien parece que quien ha iniciado las hostilidades es Estados Unidos, imprimiendo un sello defensivo pero visto por los otros como ofensivo, apuntando directamente hacia China cada vez que el gigante asiático alcanza un nuevo hito en su desarrollo.

Entre todo este desconcierto de alianzas, lo que percibimos con claridad es que Estados Unidos ataca a Lula —que sabe defenderse, por descontado—, que Estados Unidos amenaza a China con el veto tecnológico y que también Estados Unidos intenta forzar al resto del mundo a entrar en su misma lógica. No se trata de un problema de ciberseguridad, sino de la inoculación de la defensa americana que sigue ejerciendo la CIA. Esta actitud favorece que China coadyuve tácitamente a que Rusia no sufra, no declarándole su hostilidad, pese a que ha perpetrado la invasión de un país soberano, lo que, a su vez, fomenta que parte de Europa desarrolle un argumento lógico contrario a China.

Frente a este panorama, sostengo con firmeza que la lógica imperante en estos tiempos nos exige abandonar cualquier pretensión de superioridad política y apostar decididamente por el trabajo en cooperación. En un mundo cada vez más interconectado, las dinámicas de poder basadas en la hegemonía unipolar o la confrontación unilateral han demostrado ser ineficaces para enfrentar los desafíos globales. Problemas como el cambio climático, las crisis migratorias, las pandemias y las tensiones económicas transnacionales requieren soluciones colectivas que trasciendan las fronteras y los intereses particulares de las naciones.

La cooperación no es simplemente una alternativa deseable, sino una necesidad estratégica para garantizar la estabilidad y el desarrollo a largo plazo. En lugar de imponer modelos o valores propios, los actores internacionales deben buscar puntos de encuentro, reconociendo la diversidad de perspectivas y las fortalezas que cada región puede aportar. Solo mediante el diálogo y el trabajo conjunto será posible construir un orden global más equilibrado, sostenible y justo, donde las decisiones se tomen en función de los intereses colectivos y no de la búsqueda de preeminencia política.

LA EVOLUCIÓN DE LATINOAMÉRICA

Durante los últimos años he estado muy cerca de algunos países de América Latina y he podido comprender a fondo cuál es su espíritu, cuáles son sus anhelos no realizados, sus contradicciones y aspiraciones no cumplidas, y también la fuerza esencial que les mueve. Son países que necesitan revisar grandes principios y renovar grandes consensos políticos y sociales.

Las democracias latinoamericanas tienen muchos puntos en común con las occidentales, pero poseen un alma alternativa. Claramente, una parte sustancial de los pueblos latinoamericanos no se identifica con nuestras sociedades occidentales ni con lo que suponen nuestras democracias, debido, sobre todo, a su diversidad, al hecho inequívoco de los pueblos originarios, más o menos primigenios, pero con un *demos* diferente del nuestro que, inexorablemente, late y marca la acción política. Pienso por ejemplo en Bolivia, el país de Latinoamérica con más población indígena, que, siendo demográficamente mayoritaria, no quedó reconocida, y que no llegó a registrarse en los censos electorales hasta la llegada de Evo Morales a la presidencia.

Cualquier aproximación a la responsabilidad política se lleva a cabo siempre desde unas ideas determinadas, desde una concepción de la vida; enfrenta contradicciones, debe superar prejuicios y aproximarse a los demás con el menor número de dogmas posible. Partiendo de esta premisa, y como fundador del Grupo de Puebla, foro político de la izquierda latinoamericana y de algunos países de Europa del Sur, desde donde se han planteado decenas de ideas, programas de desarrollo y políticas progresistas, puedo afirmar que Latinoamérica da la medida del estado en el que se encuentra la sociedad global, a la que sirve como brújula, porque pone de manifiesto varios de sus síntomas.

La Historia se lee de manera muy distinta desde una y otra perspectiva. Cuando analizo las dificultades para hermanar América Latina y Occidente, parto de la percepción de que en el alma de muchos pueblos latinoamericanos late la conciencia de haberse visto aprisionados entre dos grandes imperios: uno, el remoto y más olvidado imperio español, y otro, el más reciente, el de Estados Unidos.

En alguna ocasión se ha dado la circunstancia de que me encontrara en Latinoamérica un 12 de octubre. La situación que he podido percibir en esa tesitura podría calificarse de retórica, residual, casi litúrgica y, en buena medida, carente de valor político. Sin embargo, resulta muy interesante y reveladora la lectura de las declaraciones de independencia de los países latinoamericanos, la impronta de la libertad en estas naciones jóvenes. Invito a leerlas a quienes no lo hayan hecho todavía. La de Bolivia, por ejemplo, que se firmó en la actual Sucre en 1825, destila un afán apasionado de emancipación y autodeterminación, imposible de obviar, que siempre me ha fascinado. Reivindican algo tan esencial como su idiosincrasia, ser ellos mismos, ser ellos solos, pues consideran que los foráneos los han usado durante siglos sin consideración ni respeto.

Al mismo tiempo, es innegable que la mayoría de las élites latinoamericanas mantienen un vínculo muy directo con Estados Unidos, sobre todo en lo referente a formación y relaciones económicas. Y es que en Latinoamérica no se toma una gran decisión sin que intervengan las derechas, fuertemente ligadas a Estados Unidos históricamente. Esta realidad ha conformado un escenario muy complejo para conseguir que arraiguen sin dificultad naciones seguras de sí mismas, con políticas que puedan establecer consensos entre derecha e izquierda de manera directa. Resulta fundamental tener en cuenta este contexto para poder comprender en toda su amplitud el funcionamiento de esta parte del mundo.

La mirada de Occidente a Latinoamérica debe ser distinta, más geográfica que política, y solo una decisión emancipadora de Estados Unidos por parte de Latinoamérica hará posible el gran reto de la Unión Latinoamericana que demanda este continente.

Hace pocos meses tuve la oportunidad de asistir a un foro internacional en Cartagena de Indias, Colombia. Allí, Mike Pence, exvicepresidente de Estados Unidos durante el Gobierno de Trump, y un político a quien le tengo cierto respeto porque se negó a secundar al presidente durante el asalto al Capitolio, habló sin ambages durante su intervención de la «opción única» para América Latina. Y es que mantienen su visión tradicional de Latinoamérica como la de algo que les pertenece pero no tienen, lo cual resulta escandaloso a estas alturas de la Historia. Desde esa visión, los derechos de Latinoamérica carecen de suficiente autonomía política, y es ahí donde radica el gran problema. No hay que olvidar que el anterior mandato de Trump se produjo en un momento durante el que había una mayoría de derechas en los Gobiernos latinoamericanos, desde México hasta Colombia con Uribe, Chile, Argentina con Macri o Bolsonaro en Brasil.

El caso de Venezuela es distinto. El chavismo mantuvo una visión que intentó internacionalizar, pero la Venezuela de hoy busca dos cosas mucho más elementales: evitar una guerra y conseguir un mínimo bienestar económico para superar la gravísima crisis que ha vivido.

Probablemente, ya nadie recuerde el Grupo de Lima, una mayoría multilateral latinoamericana que en agosto de 2017 estableció como declaración política de principios acabar con el muro de Berlín latinoamericano que constituían Venezuela, Cuba y Nicaragua. Se entendía el comunismo como la principal amenaza para el continente. Así está escrito y amparado por Donald Trump, con la connivencia de los demás gobiernos de derechas. Venezuela era el gran objetivo: tumbar a Maduro, imponiendo sanciones durísimas, y aupar a Guaidó.

Viví muy de cerca el proceso y vaticiné entonces que esa política daría lugar a un ciclo alternativo; que veríamos victorias de la izquierda por toda Latinoamérica. Y así fue, por supuesto, en México y desde Colombia hasta Brasil. Argentina cambió, ganaron los peronistas, y en Chile ganó Convergencia Social, con Gabriel Boric al frente.

Es un hecho que el desempeño de la política de Trump en Latinoamérica abrió la puerta a estos Gobiernos progresistas; que en Venezuela continuó Maduro, y que en este momento estamos volviendo a la situación de 2018. Solo hay que leer todo lo que han publicado los medios afines a Trump sobre el continente, pero la mirada ya es distinta.

Desde el punto de vista estadounidense, comprendo que resulte muy difícil evitar la superioridad y la condescendencia con respecto a países latinoamericanos con muchas debilidades, que son, en parte, democracias meritorias, en el sentido de que tienen especial mérito ante un escenario donde prevalecen la desigualdad y la pobreza. Es de admirar que, pese a las circunstancias, estas naciones sean capaces de mantener las bases de la institucionalidad democrática, aun con sobresaltos puntuales como los vividos en Bolivia o Brasil (de la mano de Jair Bolsonaro). Sin duda, se debe destacar la resiliencia que ha demostrado el sistema. Ante esta situación, reafirmo mi convencimiento de que se está consolidando la posición progresista para el devenir de América Latina.

Esta tendencia ha resultado decisiva en México porque, en su caso, es la primera vez que una mujer, la presidenta Claudia Scheinbaum, se encuentra al frente del país, y porque ha obtenido mayoría absoluta frente a los tres partidos históricos, que se han unido de una manera impresionante. Me consta incluso que opositores al Gobierno de López Obrador han pasado por todas las embajadas europeas llevando dosieres y denuncias falsas. Estos han sido derrotados por una revolución que casi podríamos considerar sistémica.

La democracia mantiene un imperativo ontológico, esencial, constitutivo, que se basa en favorecer la proliferación de sociedades con cierto factor común, el de una clase media extensa. Se trata de que aquellos que poseen renta y riqueza poderosas contribuyan con ellas de manera proporcionalmente poderosa. En este contexto, la desigualdad es la arena movediza de toda Latinoamérica, el terreno más difícil de asentar. Y la excepcionalidad, detrás de la desigualdad y de la pobreza, está en el crimen organizado. Sin la pobreza no se explica que exista un nivel tan alto de crimen organizado o tanta gente capaz de arriesgar su vida o de acabar en la cárcel, porque su única alternativa sea, seguramente, no tener con qué alimentar a sus hijos.

Al hilo de esta situación, observo que ha calado en la opinión pública cierto cinismo al llamar populistas a Gobiernos elegidos democráticamente, que han puesto la igualdad sobre la mesa. Y es que cada vez que un político denuncia la riqueza excesiva de los ricos y la pobreza excesiva de los pobres, corre el riesgo de que le llamen populista. Es una constante en la opinión pública.

Ciertamente se han dado acciones, posiciones, movimientos de las izquierdas latinoamericanas en las que todas nuestras reglas sagradas de la institucionalidad con respecto al Estado de derecho se han considerado límites inventados por el capitalismo para evitar los avances hacia una sociedad de ajustes. Por eso resulta de vital importancia que no exista un pueblo donde, por ejemplo, los empresarios asuman con total naturalidad que sus trabajadores carezcan de contratos. Es muy importante la responsabilidad de las élites en una democracia, la de quienes crean empleo y, por supuesto, la de los partidos que amparan esas situaciones. Si se consiente que, en una sociedad, el trabajo, que fundamenta el horizonte de nuestras vidas, no sea legal, si se niegan a legalizarlo, ¿cómo van a diferenciarse de las organizaciones criminales?

Las democracias del Sur no tienen que ser perfectas o hechas a la imagen y medida de las europeas para que las apoyemos. No es eso lo que sostiene la Carta de San Francisco. El concepto de plurinacionalidad de la Constitución de Bolivia, por poner un ejemplo, es distinto del que tenemos en España. La de allí es una plurinacionalidad étnica. Vivimos una era de una singularidad histórica para la democracia, que debe ser, ante todo, una promesa abierta, capaz de llevarse a cabo si se respetan sus dos o tres requisitos esenciales. Debe permitir los suficientes reconocimientos identitarios para que una nación pueda ser más integradora; sin duda, uno de sus principales objetivos. Recuerdo haber mantenido diálogos con fuerzas políticas latinoamericanas partidarias de autorizar el revocatorio sobre los jueces, algo difícil de debatir. ¿Por qué no va a poder darse una mayor extensión de la democracia directa? Debemos seguir abiertos a contemplar estas hipótesis.

Es cierto que en algunos sectores sociales de Latinoamérica ha arraigado el sentimiento de que nuestras democracias no son populares, sino elitistas, y, ante ese convencimiento, subrayan que en sus países hay mucha gente viviendo en condiciones precarias. No en vano, uno de los informes del portal de desigualdad en América Latina denuncia que a un joven de clase baja nacido en el Pacífico colombiano y a uno de clase media nacido en Bogotá los separan once generaciones para conseguir alcanzar la igualdad de oportunidades de manera completa, en el mejor de los casos. Se ha propalado cierta sensación de que muchos países latinoamericanos llevan esa desigualdad en su ADN; que, aunque mantengan ideas progresistas, forman parte, irremediablemente, de una clase que ha permeado esa desigualdad.

Cuando se habla de que en una región ha crecido la desigualdad, se pone de manifiesto que hay muchas personas pasándolo mal. Los países menos desiguales son aquellos donde hay menos pobreza y menos exclusión social, porque la relación entre desigualdad y pobreza es directa, sin lugar a dudas. No hay país donde reine la desigualdad en el que no haya pobres. Es un principio rector de las condiciones sociales no específico del Sur, como hemos señalado con anterioridad al respecto de la sociedad estadounidense.

Tengo el convencimiento de que, salvo por la esclavitud, los revolucionarios norteamericanos, los colonos y padres fundadores tuvieron una visión mucho más progresista para la época que la que sostienen sus descendientes en la actualidad. Y, de otro lado, así como la Unión Europea me parece mejor que Europa, una hipotética Unión Latinoamericana, llegado el momento, me parecería mejor que Latinoamérica en cuanto a la solidez de un proyecto político.

Allí existe una enorme dificultad para implementar políticas de equilibrio, que son, esencialmente, políticas fiscales. Durante los últimos años he asistido a muchos países donde, en primer lugar, los presidentes gobiernan sin la limitación de la mayoría parlamentaria, tienen un sistema presidencial y, si el parlamento no es favorable, la reforma fiscal que se lleva a cabo es toda una hazaña para las libertades políticas y sociales. Cualquier Gobierno, aunque quiera ser valiente, sabe que una subida de impuestos condiciona las elecciones, y que las élites se emplean a fondo en el combate. La mayor dificultad para poner en funcionamiento ajustes fiscales en Latinoamérica está, sin duda, en las élites, y es imposible que alcancen el modelo de sociedad europea que envidian si se resisten a poner en marcha esos ajustes. Si las élites no asumen ese compromiso, no va a haber redistribución de la riqueza ni reducción de la desigualdad. Ese compromiso forma parte del pacto democrático —aunque ponerlo en marcha resulte *a priori* tan difícil como realizar un ironman—, y en ese pacto se aceptan la economía de mercado, un capitalismo innovador y un conjunto de bienes y servicios proporcionados por el Estado, a cambio de la aportación de los ciudadanos en forma de impuestos. Si no se cumple esta parte del pacto, lo que se consolida no es el empleo sino la desigualdad, con todas las debilidades ya conocidas.

Mi tesis es que esa armonización fiscal es prioritaria para que el proceso de integración latinoamericana sea mucho más fácil de completar. En el caso de Europa, la armonización fiscal va a ser esencial; el consenso básico radicará en los impuestos. Si queremos vivir en países sociales, el 40 % del PIB debe corresponder a ingresos fiscales. En Latinoamérica, el sueldo medio es la mitad que en Europa, lo que explica a su vez que la desigualdad sea el doble.

Desde Europa reafirmamos nuestro discurso: esas élites que se exilian a Miami, Orlando o Madrid, por el contrario, deberían trabajar para que el reparto de la riqueza en sus países fuera más justo, exigiendo, por supuesto, que sus Gobiernos sean lo más transparentes posible y pagando los impuestos que les correspondan, porque no debemos olvidar que el latinoamericano rico se ha hecho rico en su país.

En el origen de la desigualdad, la injusticia, los movimientos revolucionarios y las utopías se encuentra la pobreza lacerante que en los años ochenta condujo a que existieran en Latinoamérica hasta diecisiete guerrillas y dictaduras. Afortunadamente, hubo un momento en esa misma década en que se abrazó la vida democrática y la mayoría de las guerrillas acabaron disolviéndose.

En la actualidad, las sociedades latinoamericanas ansían horizontes venturosos ante esa desigualdad que no se ha corregido, porque la crisis de 2008 y 2009 y la pandemia después volvieron a dejar la zona en una situación muy delicada.

Frente a las presiones e injerencias ejercidas por las élites latinoamericanas, Uruguay es un país que sí ha logrado un reparto fiscal más justo y una sociedad más integrada; un país pequeño y muy homogéneo. En Brasil, el presidente Lula también ha establecido una política fiscal progresiva y consistente, pero en un país gigantesco y con una pobreza muy amplia aún resulta muy difícil percibir los buenos resultados. Es innegable, sin embargo, que la constante reducción de los índices de pobreza en Brasil está directamente vinculada a los créditos fiscales de la política de Lula.

Chile se ha posicionado a medio camino entre el modelo latinoamericano y el europeo, aunque en la actualidad se encuentra inmerso en un seísmo político cuya resolución es todavía una incógnita. Y es que sí hay ejemplos de países latinoamericanos donde el reparto político es la respuesta, frente a aquellos, como Argentina, México o Colombia, donde las élites mantienen su peso e influencia.

La situación en Latinoamérica demanda también la autocrítica de las opciones progresistas. Si consideramos esencial un proyecto de integración con el que reducir las desigualdades, manteniendo la genuina personalidad latinoamericana en el mundo, la izquierda necesita alcanzar un consenso con el centroderecha. Valga como ejemplo que si en Europa, cada vez que se cumple un ciclo electoral, estuviéramos inventando instituciones, no existiría la Unión Europea.

He tenido la oportunidad de debatir estas ideas con diversos líderes latinoamericanos y, en términos generales, comparten mi perspectiva. Sin embargo, la fuerte polarización política y social dificulta enormemente alcanzar consensos. En América Latina, la derecha tiende a inclinarse hacia posturas de extrema derecha, como se ha observado en los procesos políticos de países como Brasil, en su momento, y más recientemente en Argentina, Colombia y Chile, hasta la llegada de Boric. A pesar de ello, sigo convencido de que es fundamental construir puentes para el diálogo. Llegará un momento en que estas derechas extremas, al enfrentarse a circunstancias inéditas, fomentarán un giro hacia el centro en sus respectivas sociedades.

En todo caso, al aproximarnos a Latinoamérica hay una condición imperiosa que habitualmente desconocemos u olvidamos, o no la asumimos en toda su profundidad: el respeto a su soberanía, a su historia, a su voluntad libre, a su singularidad... Un deber que tendría que ser fruto de una convicción. Nadie tiene el derecho de decirles cómo tienen que ser, qué han de hacer, de qué modo relacionarse con los demás... Nuestra predisposición con esa región, tan cercana y decisiva, solo puede ser la que conduce a la cooperación, al diálogo y al espíritu de fraternidad. Una visión de largo alcance nos hace pensar que en el futuro de Latinoamérica está buena parte del nuestro.

5

Paz y memoria

La paz que arraiga, la paz que funda una nueva esperanza, la paz que nos enseña a acompañar el duelo del dolor generado por los conflictos vividos, exige la memoria, la memoria de las víctimas, su reconocimiento. Creo tanto en una memoria con perdón como en un perdón sin olvido.

Desde esta comprensión, promoví en mi mandato dos leyes de reconocimiento de las víctimas de la violencia política. Esa violencia tan destructiva, tan irracional, y que nunca podemos asumir sin negar nuestros valores morales más elementales: la Ley 52/2007, «por la que se reconocen y amplían derechos y se establecen medidas en favor de quienes padecieron persecución o violencia durante la Guerra civil y la dictadura» y la Ley 29/2011, «de reconocimiento y protección integral a las víctimas del terrorismo».

Con la primera de ellas —extraigo estos pasajes de sus respectivas exposiciones de motivos—, quisimos «contribuir a cerrar heridas todavía abiertas en los españoles y a dar satisfacción a los ciudadanos que sufrieron, directamente o en la persona de sus familiares, las consecuencias de la tragedia de la Guerra Civil o de la represión de la Dictadura» con «el pleno convencimiento de que, profundizando de este modo en el espíritu del reencuentro y de la concordia de la Transición, no son sólo esos ciudadanos los que resultan reconocidos y honrados, sino también la Democracia española en su conjunto». Y en la aprobación de la Ley de víctimas del terrorismo vimos «un acto de justicia y a la vez un instrumento civilizador, de educación en valores y de erradicación definitiva, a través de su deslegitimación social, del uso de la violencia para imponer ideas políticas».

La virtud de estas dos leyes es que se legitiman recíprocamente. Y expresan un inequívoco sentimiento compartido de dignidad y reconciliación.

En ambos casos, memoria de la violencia como derecho de quienes la sufrieron y como prevención colectiva frente a ella, como revulsivo histórico para alejarla para siempre del horizonte de nuestra convivencia. Memoria para la paz que nuestra democracia ha alcanzado con dolor, pero con esperanza.

Epílogo

Desde la aparición de la vida visible en la Tierra debieron transcurrir trescientos ochenta millones de años para fabricar una rosa sin otro compromiso que el de ser hermosa, y cuatro eras geológicas para que los seres humanos —a diferencia del bisabuelo Pitecántropo— fueran capaces de cantar mejor que los pájaros y de morirse de amor. No es nada honroso para el talento humano, en la edad de oro de la ciencia, haber concebido el modo de que un proceso multimilenario tan dispendioso y colosal pueda regresar a la nada de donde vino por el arte simple de oprimir un botón.

Gabriel García Márquez

Estas reflexiones del Premio Nobel de literatura colombiano, además de seducirnos por su belleza literaria, suponen una exigente interpelación, una acuciante apelación a consagrarnos a la tarea en favor de la paz y de la condena de la violencia, de la fuerza que destruye, la que exacerba el odio, la ira y el dolor.

En el compromiso con la paz hay un reconocimiento de las limitaciones de nuestra especie y de cada uno de los que pertenecemos a la misma. La humildad es, pues, el primer paso para avanzar en esa senda de la paz. La humildad excluye el afán de imponerse, abraza el diálogo, comporta compasión e induce al perdón.

Sí, la paz es la tarea. Una tarea en la que aventurarse para que dignifiquemos a la especie humana y para que cada de nuestras vidas respeten, protejan y preserven todas las demás. Nada tiene más sentido que vivir para afirmar la vida, ese don que nos ha sido otorgado, que merece nuestro afán y nuestro ejemplo.

Agradecimientos

Quiero expresar mi agradecimiento a Érika Rodríguez y Beatriz Rodríguez. Este libro no habría sido posible sin las conversaciones mantenidas con ellas durante el último año.